稳定性 繁荣

家族企业如何实现基业长青

FAMILY BUSINESSES　　THE ESSENTIALS

［英］彼得·里奇（Peter Leach）著
马旭飞　张东婧　译

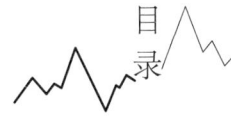

序 I

前言 I

第1章　为什么家族企业是特殊的　1

第2章　家族企业动态：人，体系以及日益增长的复杂性　25

第3章　家族关系与企业：建立战略远景和团队合作　67

第4章　家族的下一代：人力资源管理和领导力问题　95

第5章　寻求协助：如何利用外部资源　119

第6章	专业的董事会：建立一个平衡的董事会	145
第7章	（堂）表亲公司：多代家族企业的家族治理	161
第8章	企业的传承：来自领导力的挑战	193
第9章	建立财务安全，放弃控制权	233
第10章	财富管理：家族办公室和慈善事业	261
第11章	总　结	273

| 致谢 | 288 |

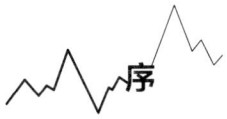

序

如果你对家族企业感兴趣,那么这是一本必读的书——它不是一本规范性手册,而更像是一部绘声绘色的纪录片。同时它也是一部另类的学术著作。以下是彼得·里奇总结了自己30多年来为家族企业提供咨询的宝贵经验。

我深刻地体会到每个家族企业的情况迥然不同。然而,把优秀家族企业管理的既定原则进行深入的解释,对任何家族企业而言都很重要。我在一家大型家族企业工作了40多年,其中担任公司董事会主席已经13年,彼得在这本书中的深刻分析与我的观点不谋而合。如果我早就知道他在进行有关经营大型家族企业的写作,我就会有可靠的相关资料帮助我解决一些工作中的困扰和难点，我和家族会节省大量时间，并且缓解处理事务的焦虑。

当下许多关于现代管理的书充满了各式各样的行话套话，它们有着统一的主题，并以所谓家族企业管理弊病之灵丹妙药的面目呈现。而当读到此书，它以朴实无华的语言和井井有条的逻辑关系为我们娓娓道来，读者内心应该会非常舒畅。任何家族企业的成员都能在这本书中发现一些与自己切身相关的东西，如果能辅之以进一步思考，不仅会提升他们对企业本身乃至自身与企业关系的认知，甚至能够帮助他们改善企业管理。

置身于家族企业中的家族成员，常常感受到情感上的痛苦与折磨。他们可能被家族企业所有者或者企业管理人员忽视甚至抵触，他们的生活有可能会受到冷漠或充满敌意的对待。积极理解并践行书中彼得关于如何对待家族企业中家族成员的建议，将会有效地缓解这个问题。家族成员还经常感到自己处在孤立无援的境地，那是因为没有任何外部工作经验便开始在家族企业中高歌猛进是相当困难的。我们的管理文化很少承认家族企业在管理方面务实且专业。也许这应该是彼得下一本书的主题。

家族企业对社会的重要性和贡献越来越被重视，尤其自2008年全球经济危机以来，这也是本书首次出版的年份。家族企业不会出现所有权与管理层的错位，而这种错位是市场上行业的一个特点，最明显体现在公开上市的银行中。因为家族企业往往是家族财富的主要储蓄来源，家族企业通常以审慎的态度来管理自己的财务。他们很少不计后果借贷，正因如此才能够避免金融危机的最坏影响。他们坚持的长期主义观点和短期灵活管理也能够指导企业度过经济衰退期。我相信正是因为这样的家族企业经验，很少有老牌的家族企业破产。

人们如此好奇为什么那些不是很有名、非上市的家族企业，相比于他们已经上市的同行业竞争对手，能够发展得更稳定、更持久。因此，彼得的见解和合理的建议恰逢其时。我希望现在能有更多的读者注意到这些，并采取适当的行动。

罗杰·佩德
Clarks鞋业主席，1993—2006
2011年5月

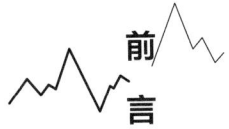

前言

  这是一本非常私人的书。它来源于我这些年对一些世界上最成功的家族企业的观察、建议和学习。此外，从某种意义上说，这本书记录了我个人经历的一段明显转变时期。在20世纪70年代末，家族企业基本上被视为过时的"老古董"，并被误解为由于投资不足和管理风格偏激导致效率低下，从而磨平了企业从业者的棱角。我很荣幸地能够见证并参与这种观点的转变。今天，我们感谢家族企业自身的优势及其对世界经济的巨大贡献，并发现我们已经进入了一个新时代，家族企业成为一个让研究人员、理论家、商业顾问、决策者和立法者都深受启发和充满兴趣的领域。

我对于家族企业研究的兴趣始于20世纪80年代，那时我还在英国德豪会计师事务所担任会计合伙人。彼时我同一些英国的私营业主，以及历史悠久的家族企业有着密切合作。我注意到在这些公司，企业运作与家族关系高度重合又互相依赖，一些问题不断重复涌现：父亲不愿意考虑百年之后企业的未来与传承，兄弟发现彼此合作困难，等等。但是那个时候，在英国，还没有人研究究竟是什么使得"家族企业"这一商业运作模式与众不同。与英国的状况截然不同的是，我从20世纪80年代中后期开始多次赴美，发现在美国学术界对家族企业独特性研究的鼓励下，美国的咨询界与家族企业已经对这个行业有了一些概念化的认知与思考。

那个时候在美国，一批著名学者与从业人员都致力于研究和分析家族企业，其中包括在宾夕法尼亚大学沃顿商学院应用研究中心工作的彼得·戴维斯（Peter Davis），在耶鲁大学组织与管理系工作的伊万·兰斯伯格（Ivan Lansberg），还有在哈佛大学工作的哈利·莱文森（Harry Levinson），以及一些著名的咨询专家例如本杰明·本森（Benjamin Benson）和里奥·丹科（Leon Danco）。在我访问美国期间，我很荣幸有机会跟随彼特·戴维斯为一些主要的美国家族企业提供咨询。当时我也参加了许多家族企业学术讲座与研讨会，而在20世纪80年代后期，这种关于家族企业的讲座与研讨会在整个美国变得非常热门。看到了美国各界对家族企业研究的兴趣与空前热情，我决定回到英国举办类似的活动，让更多的人关注到英国家族企业。

第一步是在伦敦商学院的指导下开展两项研究，旨在评估和量化家族企业活动。其中一个重要发现是76%的英国企业都由不同家族掌控。紧接着我撰写了第一版《家族企业指南》（本书的前身），并于1991年3月出版，邀请彼得·戴维斯帮助开展英国家族企业相关项目。他担任这本书在英国一系列签售会上的主题发言人，这些签售会则是与国际领先的私募股权投资公司3i集团共同合作的。在这一系列的研讨会上，家族企业管理人士说他们有了一种新的归属感，这对于很多人来说犹如醍醐灌顶，他们意识到经历的这些并非自己独有，所有家族企业都会面临这些系统性的紧迫感和挑战性，同时也有家族企业无可比拟的优势。

重新审视之后，这一切迅速变得无比清晰：家族企业的时代到来了。通过一系列的活动，包括讲座、研讨会、社会组织、新闻媒体和书籍出版等，这是首次在社会各界共同努力下将目光聚焦到英国家族企业，共同思考探索英国家族企业的系统理论、家族心理学与家族商业实践。

一场静悄悄的革命

自关于英国家族企业的研究活动兴起，到今天已经过去30多年。在这30多年里，家族企业研究在国际上已经成为一个独立的、充满活力的、研究完善的学科。众多顶级期刊往往强调研究切入视角的宽广度，包括管理学、法律学、经济学和行为科学等不同方向，也经常刊发有关家族企业的学术文章，探讨家族企业的优势和面临的独特挑战。与此同时，大学和商学院的家族商业教育项目也越来越多，其中包括针对家族成员提供的专业课程；家族企业咨询的价值也得到了充分认可。家族企业咨询工作并不是传统意义上的咨询工作，单纯地进行客户访问、材料收集和报告写作，而是为客户提供专家引导、信任建立、支持与引领服务，帮助家族成员寻找到适合自身的解决方案，并达成认知上的共识。

伴随上述诸多方面的发展，以及对家族企业行业越来越多的关注，家族企业本身变得更博学、更成熟，更愿意接受新的解决方案与对策，来应对一些内在的挑战。例如，二三十年前我遇到的大多数家族企业的特点是，通过其毫无章法的方式去决策与管理（通常是一团乱麻）。但值得注意的是，今天大部分家族企业都采用了"有章法同时不失灵活性"的方式，为构筑家族管理、完善公司治理、强调职责分明和追求更高效决策入注了更多思考。

与此类似，过去很难在家族企业中寻找到任职的女性家族成员身影，但是今天这一切变得无比寻常。此外，许多国家的家族企业曾经有着"只传长子"的传统，现在，人们往往认为这是一个时代错误，转而将关注点集中在能力选拔上。与此同时，家族成员之间的薪酬分配从过去的平均主义过渡到现在"能者多得"的奖励系统，公司透明度不断提升，家族企业价值观也不再是固守成见（例如"我们一直都是这么做的"等类似的观点），而是通过家族成员的努力来定义和表达他们的观念，并坚信那些与时俱进的企业愿景、价值观和文化会使得他们的企业更加独一无二、更有竞争力、更有韧性以及具有可持续发展的能力。

尽管这些趋势令人鼓舞，但许多家族企业仍然面临巨大挑战，包括家族身份和商业组织之间具有危险性的重叠，以及让人担忧的一系列后续问题：家族对企业所有权的管理；如何处理企业中家族成员与非家族成员的合作关系；如何培养下一代传承人

（家族企业未来领导人）；如何制定相关制度来管理家族成员在公司的职位、薪酬和选拔机制；如何执行成功的企业传承；如何提升家族和企业的治理水平。因此，家族企业咨询师们的工作远远没有结束，尤其是当因家族企业未能成功传承给下一代，导致家族企业倒下的案例数据没有明显改善迹象时。家族企业面临的另一个挑战是越来越多的家族企业由一群兄弟姐妹进行团队管理，而不是由单一的领导者治理。团队领导本身并不是一个问题，毕竟在家族企业中，两名或更多的人担任企业领导更加具有说服力，但我们对于这种基于团队领导的家族商业模式运作的经验仍然有限。

指南教程与黄金规则

在我的职业生涯中，我渐渐明白了家族企业咨询顾问的重要任务之一，是需要找出家族内部与公司运营中到底真正发生了什么。如同人一样，家族企业大多具有选择性失忆、拖延、偏执多疑和其他一些"症状"，所以往往非常惯于隐藏企业与家族内部实际发生的事情。我已经研究出了诸多方法来帮助我和这些家族共同寻找真相，包括编辑《商业比喻辞海》，或者可以称之为"潜台词翻译器"。一些由表及里的翻译举例将会使书中所讨论的诸多场景更加富有趣味性。

- 关于给家族企业下一代的薪酬："我知道这些薪酬要比现行市场工资水平低，但是我们家不能被别人误会为一个给继承人支付超额薪水的企业。"这句话潜台词是："总有一天你会拥有这个企业，但在此之前一路上会遇到一系列困难，这将有助于提醒你遵守规矩,不忘现实。"

- 关于家族成员加入企业的原因:"我加入家族企业主要是为了延续家族传统。"这句话的潜台词是:"我无法解释为什么加入,而且现在我不太确定我的未来规划是什么。"
- 关于家族企业的传承:"未来某一天,这一切将属于你。"真正潜台词是:"我真的不知道未来会发生什么,所以我现在要保持开放心态。"

许多家族慷慨地与我分享他们的挫折和成功,我将学习到的重要经验教训总结在以下的黄金法则中:

- 家族成员必须高度关注的两个关键问题是"我们加入到家族企业中是为了实现怎样的目标",以及"我们牢记于胸、面向未来的价值观和愿景展望是什么"。当家族成员能够就这些基本问题的答案达成清晰共识时,通常情况下家族企业就会步入正轨。
- 出现在家族企业的问题中总是可以分为以下3类:(1)性格方面:某某人的性格比较难对付,不可理喻,欠缺逻辑或者暴躁易怒;(2)结构性方面:家族与生意之间的结构安排不合理;(3)业务方面:当家族企业正在走下坡路,没有人能确定企业表现不佳是商业原因还是家族因素。在绝大多数情况下,公司面临的真正的挑战是第二类问题——结构性问题,虽然问题表面上呈现出第一类(性格方面)或第三类(业务方面)的特点。
- 与上一点相联系,因为家族企业的结构性问题在很大程度上是可以提前预测的,相对于非家族企业类型的竞争对手,这也造就了其特殊的先天优势——当下便有机会去解决未来可能会发生的问题。例如,关于下一代接班人的培养和引导可以提前安排计划，在一个稳定的环境中，并且在大家都达成一致意见的前提下稳步推进，这样可以减少意外的事件带来潜在的灾难性影响。

● 在家族企业中，人们获得报酬通常传递着某种信号。例如，家族下一代人获得的工作报酬过高，家族企业相关利益持份者将不会尊重他们，因为他们认为家族下一代获得高薪是由于他们的家族地位。类似地，如果这些家族下一代获得的薪酬过低，家族企业相关利益持份者会觉得这些家族下一代没有得到尊重，而且这些拿着低收入的家族人员未来没有机会接管公司。

● 最后，家族里面的人发现自己做生意的时候，习惯于将商业决策与家族事务联系在一起，无法做到公私分明，这时候应该敲响警钟，及时反省。

本书的目标

家族企业所面临的复杂困境，不仅影响企业的命运，也会影响企业所有者、其家族和公司雇员的命运。企业所有者如何将自己和家族的渴望与企业商业目标协调一致？他们能像激励家族员工一般去激励非家族员工吗？他们应该自己解决问题，还是寻求第三方的建议？此外，最主要的问题之一是企业传承的问题：何时需要开始安排企业传承问题，以及传承人如何选。其他的问题包括是否要出售公司、对外筹资、进行多元化发展、拆分企业、让更多的家族成员或者外部管理人士参与公司运营等。

这些困境迟早会影响到大多数家族企业，而这些问题或多或少都是可以预测的。这本书的目的，是帮助家族企业以正确的方式解决这些问题，并做出正确的决定。令人沮丧的是，在许多情况下，问题出现时为时已晚，企业没有办法采取及时行动，最后只能走向没落与分崩离析。只有在早期阶段解决那些重大且关乎企业存亡的问题，并为未来制订合适的计划，家族企业成功的机会才能大大增加。同样地，必须持续地评估检测企业的商业活动和潜在机会，家族同企业商业活动之间的发展关系也需要不断地进行动态评价、管理和回顾检查。

家族企业的所有者和管理人员常常没有充分考虑到这些关键问题。公司日常事务缠身，导致他们错过了解决问题的最佳时机。家族企业领导者认知与自我认知的缺乏，特别是对企业系统与职场心理知识的不了解，使得他们疏忽于面对这些问题，也不愿寻求外部专业咨询意见。别的企业是如何处理这些问题的，而结果又是怎样？这些问题如果被忽视，所导致的后果与危机又有哪些？这些危机会自动消失还是会酿成更大的灾难？

这不是一本手把手指导家族企业具体如何做的指南书。事实上这样的书籍也不会存在，因为每个家族企业都是如此与众不同，而且确实没有可以不加区分与修正便能应用在所有公司使其基业长青的普世法则。与之相反，接下来几章都是从广泛的框架、准则、流程和思维视角等方面来帮助解决问题，并且提供一些技巧和工作指南，旨在为家族企业实现基业长青、持续增长和不断繁荣做出贡献。

架构与组织

首先，我要说明的是对"家族企业"这一主题的处理方式。我将会用连贯的方式讨论家族企业，这意味着这本书的结构在很多方面反映了企业自身的发展和生命周期：从最开始直接的所有者经营，到第三代甚至跨越多代际的家族企业；企业结构从清晰简单到十分复杂。在某种程度上，这本书的每一章都反映了企业的进化过程，从亲力亲为的管理治理模式开始，之后整合外部专家所带来的益处。其次，家族成员变得更广泛和更具包容性，尽管基于客观能力的家族管理活动变得更受限制。最后，管理与所有权传承的计划也越来越详尽。

在某些情况下，这种特殊的进展方式需要在书中的某一部分介绍解释某些主题，然后在另一个部分再一次结合不同的上下文进行讨论。例如，大多数家族企业受益于所谓的"家族委员会"，它的主要作用是确保家族方面和公司商业发展方面的愿景、价值观和未来期望保持一致。但在一家小规模、成立时间不久、可能只延续两代的家族企业（这一类企业将在第3章进行详细介绍）内部的家族委员会，与在一家已经传承了6代、有数以百计的家族成员股东的家族委员会有所不同。鉴于此，我们在第7章会再次讨论"家族委员会"的概念，关注那些发展时间更长、影响更为深远、更成熟企业的家族委员会。

这本书分为10章。第1章是对家族企业广泛的基本介绍，涵盖了家族企业对于社会经济的重要性、他们与众不同的原因，以及他们需要克服的困境和挑战。以往有研究试图检验家族企业的优劣势对商业绩效是否有可衡量的影响，我对此进行了综述。尽管在几乎每一个领域内都有家族企业的身影，但在一些特殊领域，家族企业的自身优点可以淋漓尽致地发挥。本书将会分析这些特殊领域，并就商业案例加以分析研究。

第1章介绍的家族企业的特殊地位源于其结构形式。家族企业的结构形式非常复杂：这是一个家族系统，也是一个商业系统，同时还是一个通过财富、法律安排、雇佣关系和情感纽带联系在一起的所有权系统。了解这三大系统的相互交织，是了解家族企业动态至关重要的一部分，这正是第2章的核心内容。另一个使得家族企业独一无二的特征是参与其中的人，而家族企业主要参与者的背景和视角都会在这章进行分析。第2章还介绍了一些家族企业内部冲突发生的主要原因，特别是父子间和兄弟姐妹间的冲突。

家族学会通过匹配个人与家族价值观和目标来建立共享的愿景，而这一愿景成为家族企业未来规划、决策和行动的指南。一个好的起点总是立足于目的，对于"我们业务发展的目的是什么？"这个问题答案的共识有助于帮助家族理清自己与业务的关系，并明确家族成员的责任，这正是第3章的内容重点。而这一切的目标是采取相应措施来平衡家族发展与商业发展的长远利益，然后设计和建立有效的治理结构，帮助家族发展出有凝聚力的商业运营方式，并提供组织聚焦和问责制度。

第4章讨论了家族下一代的问题——关于是否加入家族企业、拥有外部工作经验的重要性，以及如何处理与家族上一代成员之间的关系。本章节将会强调当涉及人力资源管理方面事务的时候，家族、企业以及所有权体系之间的矛盾会变得更加尖锐与复杂。当涉及家族成员与人力资源体系的时候，必须提出明确的管理标准，以及控制和管理这种矛盾的纲领性原则。家族企业应该将家族雇员放在一个适用于所有员工的人力资源评价体系中，定期和客观地根据他们对企业的贡献，来决定奖励和晋升。

家族企业大多有内向型的危险倾向，这需要引用外部人才有效解决。第5章讨论了3种可利用的外部资源：非家族成员经理人、非执行董事和家族企业咨询顾问。家族企业必须努力吸引并激励高质量的非家族成员经理人，通过精心设计的激励计划来给予他们奖励。非执行董事对家族企业有特别的价值，他们提供经验、定期的指导、专业知识和人脉关系。最后，经验丰富的家族企业咨询顾问能够以一种微妙的处理方式来探究棘手的问题并发起关于家族问题的讨论，大大降低摩擦和冲突发生的可能性。这些外部人才的选择应该基于能力和表现，并对他们进行周期性评估。家族潜在的利益冲突需要提前考虑和布局，加以避免。

家族企业中的董事会是至关重要的，在第6章中会提到。如果要取得长期的成功，有独立外部人士参与的董事会非常重要。这样的董事会为企业运作和内部规章制定提供客观性和相关经验，同时起到监督规范的作用。当家族致力于董事会组成的多样性时，这实际上向客户、股东和员工释放出了积极正面的讯息。成熟的家族企业，在家族的利益与经理人委托运行之间寻求到平衡。而这没有一个统一的模型，只有制定相应坚实的原则和有效过程，应用于每个公司的独特情况，才能形成独有的模型。

第7章致力于纵跨多代的家族企业的治理。当家族企业传承到第三代及以上的时候，所有权通常是由家族不同亲属系掌控的（有时股东总人数达到数百人），没有一个宗亲派系拥有绝对控制权。一些企业所有者会在家族企业内部工作，但可能大多数人不会选择这么做。当家族成员与家族股东不参与公司管理与控制时，这种复杂的情形会导致潜在的摩擦与企业无效运作。在这种情况发生的时候，家族企业需要建立一个负责、高效、稳定的所有权控制体系，将此列为优先级战略，治理架构必须满足家族企业独特的需要和环境。

一个经过精心架构的、系统性的继任计划远胜于对于企业传承的无为而治。第8章讲述了为什么家族企业传承的规划与准备问题是如此困难又重要，同时研究了不同方案，讨论了下一代传承人参与度，并提出了一些具有实际操作性的指导，尽可能使得传承更加顺利与有益。从单一的所有者经营过渡到兄弟姐妹的合作关系，或者从兄弟姐妹的合作关系过渡到一个堂表亲公司，重要的一点是，它不仅仅是在改变企业的守卫者，而更像是改变组织体系，使其转变为一个文化不同、程序不同、基本规则不同的商业组织。

"退休"这个词在第8章中出现了很多次，应该在这里解释一下我对这个词语产生的诸多困惑。我的问题一部分来自当前词典对"退休"的定义——不再工作、做生意，成为一个类似隐士的存在，与今天我们对于退休的定义有很大不同。这种定义的不同，可能因为现在到了五六十岁的人们要比上一代更健康，更有活力。但我主要的困惑是家族企业领导人从不退休。当家族在合作做生意的时候，他们并不在乎是否确实收到月薪，或他们是否达到应该"退休"的年龄限制——他们的名字将永远镌刻在大门之上，他们一直是家族和企业的灵魂人物，对家族与企业有归属感。对于这些人来说，退休不再意味着从企业中退出，而是重塑他们对企业的依恋。

即使家族企业领导人已经把日常的运营责任交给了他们的继任者，他们仍然保有重要的资源。作为传承计划的一部分，这些家族企业领导人在企业中承担了新的角色，例如管理特殊项目，担任公司的巡回大使，管理家族财产组合或协调其慈善活动。专家们一致认为，如果老板们为了新兴趣而退休，这个阶段会更容易沟通协商，因为如果是从他们的旧生活中退休，这意味着他们"有用而高效"的日子已经结束了。因此，我一再强调的是，领导人切断与家族企业联系的想法既不可取，也不可能，因为企业是家族结构的一部分。家族企业领导者们需要重塑自己对企业的依恋，并规划未来的工作活动；本书的读者则需要重新斟酌词典上对"退休"一词的消极解释，以建设性的视角来重新诠释"退休"对于家族企业领导者的含义。

第9章讲述的是关于家族企业领导者"退休"的前提，而建立财务安全是为成功"退休"做准备的重要前提因素。这既可以在家族企业内部实现，也可以在家族企业外部实现，如果没有可行的传承选择，也可以通过出售来实现。第9章将检验各种出售结构。保险和股份购买协议可以用来解决由多个家庭拥有一个企业所引起的许多复杂问题。在将家族企业传给下一代时，企业的连续性、流动性和家族需求是遗产规划的基石。要确保所有权最终落入正确的下一代手中，可能需要根据传承人是否活跃在企业中，从而用不同的方式对待传承人。投票控制权的传承方式，以及信托的使用都需要被严格审查。

最后，一旦较大的家族企业建立了他们需要的家族治理结构和机制来管理复杂性和家族与企业之间的关系，他们通常会寻找其他方式来帮助培养他们的家庭承诺和愿景，并使家族传统永久化。实现这些目标的机会可以由家族办公室和慈善活动提供，这些主题将在第10章进行研究。

彼得·里奇
2011年5月

FAMILY BUSINESSES
THE ESSENTIALS

第 1 章

为什么家族企业是特殊的

在全球范围内,家族企业是一种占支配地位的企业运营模式,尽管直到现在,鲜有信息与指导可以帮助家族企业面对那些独特而复杂的问题。这是因为30年前,我们才开始研究和理解关于家族企业的两大基本问题:(1)家族企业与非家族企业的重大差异;(2)商业家族与非商业家族运行方式的重大差异。这两大差异是全书一以贯之的核心。一个家族企业要实现成功,它的管理层必须要理解这两大差异,以及这些差异所塑造的种种挑战。

除了像所有企业一样需要对困扰企业的商业问题做出正确的决策,家族企业还必须能够分析围绕在企业及家族周边的特殊生态问题。他们需要培养特殊的技能,使他们能够鉴别并处理这些由于所处生态而带来的问题,并采取建设性的策略来促进企业的发展,以及权力的交接与掌控。

因此,第一步是理解及区分家族和非家族企业、企业家族和普通家族的主要特征,这主要在本书的第1章和第2章中进行讲解。然而,这并不意味着存在包治百病的"万能处方":每一个家族企业都是与众不同的，迥异的家族个性、关注点与行动目标、家族关系，以及其他个人和商业特征，都塑造了家族企业与众不同的特性。每个家族企业仍有一些共通的模式经验值得我们借鉴，这样我们就可以避免重蹈覆辙。

家族企业定义

在介绍家族企业的一些特征、优势和劣势，以及家族企业被证明特别成功的特定行业之前，先给出家族企业的定义是很重要的。应该避免仅着眼于公司股权结构，或管理层构成等过于刻板化的定义标准，因为这些刻板的定义往往会导致错误的结论。因此，在这本书中，家族企业很简单，是指受家族或家族关系影响，并将自己视为家族企业的企业。

举一个最清晰的例子，当家族成员拥有超过50%的投票权，或者家族成员占据了公司绝大多数的高层管理职位时，这家企业可以说被家族有效地控制了。但在一些不太明显的例子中，父子、兄弟姐妹、姻亲、（堂）表亲等关系对企业的未来产生了重要影响，这也是公司业务受到家族控制的重要体现。

还要注意的是，对于发展历史更悠久、规模更大、更成熟的家族企业来说，当股东涉及多生代，或者公司在股票交易所上市，哪怕家族拥有的公司股份低于50%，有时仍然可以有效控制企业的运营。

家族企业经济影响

许多书籍和研究都试图提供有关全球范围内家族控制企业的比例,这个数字变化很大。由于统计数据短缺、对家族控制的定义不同以及其他统计问题使这成为一个棘手的领域,即使是最保守的估计也将这一比例定在65%—80%之间。

公平地说,这些企业中有许多是小型独资企业,并且永远不会成长为世代相传的企业,但这个数字也确实包括了世界上一些最大的、最成功的公司。约翰·沃德(John Ward),瑞士IMD学院家族企业教授、美国西北大学凯洛格管理学院业界教授曾计算,世界前1000家最大的公司中,1/3都是由家族控制的,其中一半是公开上市,一半为私人持有。

在亚洲和拉丁美洲的新兴市场,家族企业主导着商业生活,许多人认为,家族企业在这些新兴市场的作用比在其他发达市场比如美国、德国、意大利更大。在英国,家族企业是私营行业的主要形式,约占所有企业的2/3和私营部门产出的一半,并且雇佣了大约一半的劳动力。他们最具代表性的选区是小企业部门。根据巴克莱银行(Barclays Bank)发布的一项研究显示,约60%的营业收入在500万英镑或以下的英国公司年是由相关家族拥有或管理。同样的调查记录表明,这个数据与英格兰和威尔士一致,在英格兰西北部和东安格利亚最为突出,大约3/4的企业由家族管理。相比之下,在伦敦,家族企业不到一半。

随着规模的扩大,家族企业也是一种常见的中小企业部门的组成形式,但这是缺乏详细统计数据的领域之一。有关大型私营企业和上市公司会有更多数据可用。事实上,《星期日泰晤士报》企业调查中列出的100强私营企业,家族企业占其中的1/3以上。在上市公司当中,富时指数所涵盖的公司中,6%是家族企业,但英国与国际平均水平相比,家族企业上市的比例最低。相比之下,大约一半在法国股票交易市场上市的公司为家族所有。

家族企业特殊的优势

大多数家族企业最主要的特点是独特的氛围,它能在员工中创造归属感和增强共同目标。特里·莱西(Terry Leahy),乐购(Tesco)公司的首席执行官巧妙地概括描述了这一点:

"在家族企业中所有权和管理权在同一个人手中,因此,他们在位时间跨度往往要长得多,因此,他们不必跟着市场情绪而随波逐流。他们可以更加勇敢面对他们的言行。他们可以大胆古怪,抑或可以敢于保持传统;他们可以坚持已延续多年的长期价值观,建立对客户和员工的忠诚和信任。一个很好的例子就是他们用来描述企业价值观的语言。家族企业可以使用'勇气''忠诚'或'真实'等词语来表达;而在上市公司,你更有可能找到管理学术语,比如'高效''创新''附加值'。"

家族企业文化和价值观

与家族企业文化、长期价值观和愿景等相关的部分,将在本书中以各种不同的形式重现。能够定义并阐明他们的共同目标和指导原则的家族,为他们的企业提供了拥有长期竞争优势和可持续性发展的坚实基础。

第1章 为什么家族企业是特殊的

家族企业可以被看作是家族价值体系的外延。简单来说,行为背后的价值观或者生活准则会支撑家族愿景与商业目标的确立,以及引导家族决策的方向。通常来说,是企业创始人提出了他所认为的商业目标,但是这种内生的价值观却伴随着企业的权力交接而代代传承,甚至家族成员都没有意识到这件事。一种共同的行为方式产生,帮助解释并加强家族存在的意义,以及一家人在一起做生意的初心。商业上的挑战与转型可以依靠家族共同价值观而顺利解决,但是如果没有相应的共同愿景去团结家族,家族纷争、兄弟阋墙则很容易产生(图1-1)。

图1-1 在家族企业中,非理性和不恰当的情绪行为可能会出现

家族的价值观体系也需要与时俱进，需要继任的家族管理人员重新诠释并赋予新的活力。例如，在洛克菲勒家族，权力交接之后，每一代新的家族成员都需要重新检验家族的核心价值观念，重新定义使得这些价值观念能够重振家族成员之间的紧密关系，以及明确企业的组织使命。

可预测问题的解决方案

家族企业的另一个特殊优势是，给予拥有和经营家族企业的人以独特机会，让他们在一系列可预测的问题变成严重问题之前解决它们。

世界上最成功的企业家大多有远见卓识，他们对未来的洞察力使他们能够将这种先见之明应用在商业解决方案上，从而产生财富。当然，这是一种特殊的天赋。但在家族生意中，总是有可能在"今天"去解决一系列"明天"的问题，因为在很大程度上，问题可以被提前发现。

过往经验表明，出现在家族企业的问题总是可以分为以下3类：（1）性格：某某性格的人是不适合的，他没有逻辑性，或者暴躁易怒；（2）结构：家族与生意之间的关联结构不合理，影响家族生意的整体运行与决策；（3）业务：当生意正在走下坡路，没有人确定造成表现不佳的原因是来自运营本身还是家族因素。绝大多数情况下，公司面临的真正的挑战是第二类问题——结构，即使表面上问题出在了第一类（性格）或第三类（业务）上。这就是我们讨论的关键：与其他非家族企业相比，家族企业有机会能够在问题发生之前，在很大程度上预见家族与生意之间的结构性失调问题，并提前解决掉。

企业的传承是一个典型的例子。不要等到宣读遗嘱来解决诸如"谁得到了公司股份？"或者"谁即将担任公司的领导？"这样的问题。在家族企业中，我们可以提前解决这些问题，在一个平静的氛围下商定，这样可以减少意外，亦可预测事件的潜在破坏性影响。

奉献感与承诺

企业的创始人往往对企业充满激情，因为这是他们亲手缔造、一手培育并建立起来的。对许多这样的企业家来说，企业就是他们的生命。这种强大的纽带可以自然而然地转化为奉献和承诺，而这种奉献与承诺延伸到所有能分享家族企业成功的相关家族成员身上。如果其中没有冲突，每个人也都乐于投入比其他工作更多的时间和精力在家族企业运营中，他们都会觉得自己有家族责任要团结在一起。对家族的热诚，使得家族成员日常工作中更加愿意付出也更加忠诚，让他们觉得自己是团队的一部分，是在为共同的目标做贡献。

知识

家族企业通常有着特殊的做事方式。他们有不被竞争对手拥有的、独创的技术或者商业知识；在一个正常的商业环境中，先进的技术或者理念很快就会变得普及，但家族企业却能将这些梦寐以求的技能知识很好地保护与隐藏。

这种知识的概念也与创始人的子女加入企业有关。下一代人成长过程中，耳濡目染创始人对商业的热情，已经对家族生意有所了解。考虑加入家族企业的时候，他们可能已经对要投身的商海有了非常深刻的理解。

工作、时间与金钱上的灵活性

从本质上讲，一方面可以归结为将必要的工作和时间投入家族业务中，并在负担得起时拿出资金。另一个方面是，无论需要多长时间完成工作与开发业务，家族成员都会愿意把时间精力花在这上面，不在乎也不需要所谓的加班工资或者额外的奖赏。

同样的灵活性也适用于金钱，这是家族企业家和非商业家族之间的另一个重要区别。大多数家庭的收入来源于雇主支付的工资，而他们所做的唯一决定是如何支配这笔收入。但家族企业家们的收入并不是固定的：他们必须掌握自己能从企业中抽取多少资金来满足个人的需求，同时维持公司流动性与投资需求水平。有时候，家族成员对企业运营有担当的精神，表现在他们不希望把钱从公司拿出来，从公司拿钱到家族被视为会"榨干"公司，即使几十年来这家企业一直盈利。一些英国富有的家族没有任何现金，因为他们的家族企业通常是几代人之前建立的，几乎从未支付过股息。所有的企业利润都用来再投资。

时间、工作和金钱的灵活性再次为家族企业创造了竞争优势。一般来说，家族企业可以快速而轻松地适应不断变化的环境。例如，如果公司需要转向一种新产品，以利用市场的发展趋势，则该决定很少需要由各级委员会进行冗长的讨论，并且其实施将同样迅速："我们将停止这样做，开始那样做，此举将意味着我们必须投入6个月的额外努力，未来两年不会从业务中拿出一分钱。"这对许多公司来说将是一项艰巨的任务，但对于许多家族企业来说，这是一个经典的、灵活的议程。

长期主义思维

家族企业比其他企业更注重长期思维：对下一代的关心通常是优先于下一季度的财务业绩。家族企业通常本能地倾向于长效投资（长期保持投资不变，希望获得比短期更好的回报）。战略规划降低了风险，使企业能够更有效地应对不可预见的事件，也是许多成功的新企业和基业长青者的标志。因此，家庭通常对未来10—15年的商业目标有清晰的看法，这一事实可能代表着相当大的优势。

能源服务公司亨廷能源集团就是一个很好的例子。亨廷集团已经传承了5代，其起源可以往前追溯到19世纪的后期。查尔斯·塞缪尔·亨廷（Charles Samuel Hunting）在19世纪90年代进入石油行业，但此时他已经成功扩张了其父亲在1874年创立的轮船公司。今天亨廷能源集团的非执行主席是理查德·亨廷，他认为看问题应该从长计议。"假如我们公司被收购，那么这些人不会延续长远看问题的习惯，"他援引130年的交易历史和经验说，"在过去的时间里，业务经过了许多周期，所以当一家公司击败另一个公司人们并不恐慌。当我们处于上升期时，我们不认为这种上升趋势一定会持续下去。"

家族对长期主义的偏好与股票市场的期待之间的有趣对比，在曾经陷入困境但后来得到发展的美国汽车巨头福特身上体现得淋漓尽致。该公司的北美部门在2006年第一季度亏损29亿美元，计划在2012年之前裁员3万人、关闭14家工厂来降低成本。自福特公司创始人的曾孙威廉·克莱·福特（William Clay Ford）接任CEO以来，截至2006年年中，福特的股价已经下跌超过一半，非家族股东开始失去耐心。然而，持有福特的B类股票的股东却有不同的想法与安排（福特家族不同宗派传承人持有该公司40%的表决权股份，每一股拥有16张投票权，而普通股股东则一股一票）。福特家族认财富的创造需要很长一段时间，而非一个季度这样的一城得失。美国家族企业顾问克雷格·阿罗诺夫（Craig E. Aronoff）总结了这种分歧的视角差异：

> 在过去的100年里，福特家族经历了数不尽的起起落落，他们很了解这些事情。大多数股东只是希望他们持有的股票从每股6美元涨到每股10美元。因为福特是一家上市公司，同时也是一个家族企业，你会看到普通股东和家族股东的期望产生冲突。但是福特家族仍然是福特公司的主导力量，他们将继续保持耐心。

不过，尽管家族股东和在企业中工作的家族成员善于从长计议，但他们并不总是那么善于将自己的计划正式化，比如写下来，分析投资思路的前提条件与假设，对照分析投资结果与前期预测等。简言之，家族企业拥有从长计议的优势，但是不足之处是这种思考尚未形成规则体系。

稳定的文化

由于各种原因，成功的家族企业有着稳定的结构。他们通常是抗压、低调、盈利的相对简洁的企业，是赫尔曼·西蒙（Hermann Simon）笔下的"隐形冠军"。在同名书中，赫尔曼描述了这些公司从长远角度看待自己的业务；专注于细分市场；与员工、客户和供应商保持长期稳定的合作关系；强调价值，而不是销售价格。

在这种企业中，董事长或总经理、首席执行官通常已经在公司待了很多年。关键的管理人员都致力于企业的成功，他们也会长期在那里工作。公司内部的各种关系，以及公司的程序伦理、操作实践，通常都拥有足够的时间来发展和稳定。每个人都知道事情是怎么做的。

为了具象解释家族企业的稳定性和连续性，我们以1851年成立、位于英国赫尔市的威廉杰克逊父子食品公司为例子。克里斯托夫·奥特雷德（Christopher Oughtred）是该公司的第五代董事长。该公司的产品线包括贝茜阿姨（Aunt Bessie）品牌下的冷冻食品、郭氏食品（Kwok Foods）的冷冻即食食品，以及为欧洲许多三明治制造商提供的面包。它仍然保持着私人家族企业的公司性质。第六代共有19人，目前经营公司的第五代在家族治理问题上采取了积极的立场，以帮助确保公司的可持续性。然而，家族成员也非常清楚他们的历史，认为自己是企业文化、企业所有权和企业管理的捍卫者。奥特雷德解释说：

> 我们感到骄傲自豪的是，威廉·杰克逊拥有竞争者无法复制或发明的东西，我称之为企业文化遗产。只有知道我们从哪里来，才能明白我们现如今的商业运营。我们的任务是利用好先前一代代的努力和奉献，将我们的企业建造成为令人羡慕的、有信誉的和成功的公司，为传递给第六代做准备。

然而，与其他一些有利于家族企业的因素一样，一个强大、稳定的文化可能是一把双刃剑。稳定的商业环境可能会演化成危险的内向型氛围。在这种氛围中，秉承的态度是"我们这样做的原因是我们之前也一直这样做"。没有人考虑通过改变去提高效率。因此，家族企业的稳定性是其独特而有价值的资产之一，但企业管理人员及家族管理者需要考虑稳定的商业文化是否已经成为改变和提升适应能力的阻力，成为家族企业前进的障碍。

快速决策

在管理良好的家族企业中，责任通常是明确定义，并有意将决策过程限制在一个或两个值得信赖的人身上。在许多情况下，这意味着这些公司与竞争对手相比，他们更灵活，能够做出更快、更好的运营决策（如果必要的话，可以快速调整或扭转以前的决定）。然而当涉及其他领域时，例如长期变革和过渡管理，决策的速度和质量可能会显著下降。

有关决策方面的一个有趣事情是一些高知名度的家族企业退市。例如，1932年由鲁宾家族创立的运动休闲服装公司攀岚集团（Pentland Group）选择1999年退市。同样，由保罗家族控制的钢铁和工程集团卡玛洛（Caparo）1991年私有化，回购了公众持有的20%的股份。虽然希望通过更迅速、较少官僚主义方式决策并不是退市的主要动机，但从公司管理层当时的评论中可以明显看出，这是一个显著影响因素。

靠得住和荣耀感

在市场上，普遍认为可靠和稳定的文化是家族企业建立坚实结构的基础。许多客户更喜欢与一家已经建立了很长时间的公司合作。他们还会与在公司内部不经常换工作、不容易被人取代的管理层和员工建立关系。所谓的"我的名字就在门上"（my name is on the door）这种因素，即使在相关人员没有大肆宣扬的情况下，也常常有助于获得竞争优势。在之前的文章讨论过，还有家族企业内部的担当精神，它不仅仅是一种隐藏的力量，还会以更用户友好、更知识渊博的、更有技巧和更高标准的服务展示在顾客面前。

与可靠性相连的是荣耀感的概念：经营家族企业的人通常非常自豪于他们的企业与他们过往的成就，而他们的员工也为能与这个家族一起共事和每天的工作而感到自豪。某些情况下，这种荣耀感会使得家族企业体制化，并转化为强大的营销工具。例如，南澳大利亚的库珀酒厂（Coopers Brewery）在其啤酒广告中使用了一句宣传标语：欢迎来鉴赏四代酿造传统的独特风味。以下摘自其网站的内容有力地说明了可以依附于家族传统的营销价值：

> "我们现在从事酿酒业务。"1862年，在南澳大利亚新殖民地的托马斯·库珀建立了酿酒产业之后，托马斯给远在英国的哥哥约翰写信道。如今，库珀是澳大利亚仅存的家族酿酒商。因此，在库珀酒厂遇到一位库珀家族的人仍然是家常便饭的事。蒂姆·库珀博士是库珀酒厂的常务董事，密切管理着酿酒厂，仍然保持着对酿造敏锐的眼光。格兰·库珀先生是执行董事长兼营销总监。比尔·库珀先生2002年2月从公司退休后，仍然担任

库珀董事会成员职务。麦克斯·韦库珀同时辞去主席职务。梅兰妮·库珀与马歇尔·库珀也在酿酒厂工作,担任财务、市场营销方面的职位。许多其他家族成员也在关注董事会的事情。所以请放心,库珀啤酒厂在拥有与托马斯·库珀相同价值观的人手中,在对多年前由托马斯自己酿造的产品充满信任的人手中。

家族企业的困境和挑战

除了享有一些有价值的优势,家族企业也有其困难与挑战。就像家族企业拥有的优势不是其独有的,同样地,他们所面对的挑战也不只有家族企业才会面临,但是家族企业尤其会受到这些潜在挑战的影响。许多问题都取决于家族与商业价值之间的内在冲突,这是本书第2章中讨论的一个重要主题。

变革阻力

穿过一些家族企业的大门,仿佛置身于穿越时空的时间隧道一样。诸如"因为父辈是这样做的,所以这件事情也要如此这般处理""老狗学不会新把戏",都反映了固有的行为模式在家族企业是如此根深蒂固。家族企业很可能为传统所束缚,不愿改变。

我们很容易发现自己长时间在做同样的事情,家族企业也是这样。这是因为变化不仅带来了对之前习惯的破坏和一系列的潜在商业风险,而且还可能涉及推翻家族亲属之前形成的商业哲学和建立好的实践。

业务挑战

主要影响家族企业的商业挑战分为以下3类:

将过时的技能现代化

家族企业拥有的技能往往是历史的产物,由于技术的发展或市场的变化,它们很快就会变得过时。这些问题虽然不一定由剧烈的变化引发,例如文字处理技术的变革对打字机制造商的影响。如果一些循规蹈矩的家族企业对于外部变化反应较慢,一些在制造技术与外部市场的微妙变化也可能导致家族企业失去平衡。

在此我用英格兰东北部一家由家族第二代经营的金属锻造企业来诠释上述的观点。这家企业由3个兄弟经营,利润丰厚,但是全流程都是通过人工完成的:即20万平方英尺的工厂里有很多冶炼工人、焊接工人与组装工人在生产公司的产品。这3个兄弟如今已经60多岁,他们意识到当前面临着一个选择:是继续他们传统的生产方式,还是引进先进的科学技术和机器人来升级他们的整个工厂。其中一个兄弟解释道:

> 当大家告诉我们公司需要现代化,我们明白其中的逻辑。但是我们现在持续盈利,并且所有的生产方式与流程已经使用了将近50年。机器人当然会转型目前的生产方式,但是我们也担心新技术会将企业变得陌生,甚至变得无法掌控。

管理企业传承

这是家族企业面临的另一个重大挑战,往往可以成就或摧毁一个家族企业。许多公司的一个典型例子是,创始人年事已高,他的儿子或女儿,也就是既定的传承人,坚信企业运作需要以不同方式进行。这种潜在冲突的蛛丝马迹都可能造成破坏,在员工、供应商和客户之间造成不确定性。在许多情况下,当继任者开始引入激进的变革方案时,破坏会变得更加严重。因此,管理转型对家族企业来说是一项艰巨的挑战。而且,由于这一切可能涉及家族内部紧张关系,妥善管理企业传承带来的冲突对家族企业来说,是一个比其他类型企业更大的挑战。

筹集资金

相比拥有更多融资选择、更多元化股东结构的上市公司,在筹集资金方面,家族企业的选择更为有限。但除此之外,家族企业通常都有一个问题,那就是从外部渠道筹集资金的概念。这种情况最常发生在与长期投资有关的重大项目上,比如开设新工厂或创建新业务。这体现了家族企业不愿意去寻求银行短期贷款或者其他短期融资途径来解决企业微小的流动性问题。如果执着于家族企业内部融资而不寻找外部融资机会,这意味着在重要项目上的节支或在短期危机中低效地挣扎,那么企业的健康发展甚至生存都面临严峻挑战。

私募股权的增长以及银行对债务融资采取更加通融和灵活的方式并没有改变根本问题:在这些对外部融资过于谨慎的态度背后,通常是家族人士对失去家族企业控制的担心——本书会在不同形式和情景下介绍这种恐惧。这种恐惧可以是一种温和的形式，比如对于外来人插手家族企业运行的反感，但更多时候这种恐惧是根植于脑海的偏执，会冷不丁地出现在脑海中。家族一般不情愿告知外界关于企业日常是如何运行的，更别说可能会失去控制权。家族认为对于企业的掌控，与对自由和独立的追求相辅相成、密不可分，而这正是家族企业创建与后续成功的推动力。

家族传承

家族企业之代代相传，以及它所涉及的领导层更迭，是一个充满困难的过程。

当改变任何一家公司的执行董事时，企业管理的相关因素显然要考虑在内，同时必须解决一些随之而来的情感问题。例如，在一个管理等级分明的地方，必须做出对管理人员的胜任力评价，来决定其晋升后承担新的责任，以及如果一个外部人员被引进来担任高级职位，公司老员工们的反应会是什么。从表面上看，家族企业遇到与其他公司相同的问题，但是可能存在心理上、家族关系上、情感上的雷区，将改换领导的问题转换为一个能够威胁到企业生存的问题。

下面是一个实际案例。它没有涉及举世闻名的家庭，也没有太大的戏剧性，但它十分有代表性。电气公司的创始人对商业实践创新有着天赋，也充满热情。他在家族企业工作了30年，企业几乎是他自己的延伸。对于客户与企业员工而言，他就是企业的化身。他想不出有谁可以代替他的位置。他60多岁的时候，仍然享有对公司的绝对控制权。出乎意料地，他突然生病了，并且预感命不久矣。一时间没有合适的接班人。他的两个女儿几乎没有参与过家族生意,他的两个儿子(最小的刚从大学毕业)也没有做好接管的准备。他们没有公司高级管理层的经验,也不清楚公司的业务情况。最终结果是该公司将被收购。如果创始人能够一开始就准备好继任计划,结果会大不一样。

当创始人退休的时候,选择继任者往往意味着要在怀有野心的儿子或女儿之间做出选择。他们对传承的态度往往是矛盾的,因为他们担心自己孩子的能力,以及如何以牺牲其他孩子的利益为代价来扶持另一个孩子上位。更重要的是,正如企业所关心的,几乎所有变化都不是简单地从一代到下一代的变化,而是下一代家族成员对组织文化的一场革命。下一代人带来了关于企业应该如何运作的新想法,培养新的工作实践、新的员工、新的忠诚等。

因此,家族企业的传承代表着一个重大的转变,而公司的命运取决于谈判的成功程度。这就是为什么本书接下来会倾注很多精力讲传承问题,尤其是在第4章与第8章中。

情感问题

家族传承带来的隐患牵扯出家族企业的另一个挑战:家族内部情感问题限制了企业行为。这将在第2章中结合更多情境来详细地讨论,但这里我先详细介绍一个重要的观点:家族和企业是两个截然不同的领域。

家族领域是基于情感的,强调关心和忠诚;而企业领域是基于任务的,强调业绩和结果。家族企业是这两大领域的融合。尽管融合拥有实现卓越业绩的潜力,但同时这种融合也可能导致严重的困难。这可能意味着在企业行为中夹杂了个人情感,这在商业环境中是非常不理性、不恰当的：市场总监不信任他担任公司财务总监的亲兄弟，只是因为财务总监儿时常常在幼儿房里偷市场总监的玩具。这也许是一个极端的例子，但却暗示了在工作中可能出现的情绪暗涌。更糟的是，麻烦的根源可能已经过去百年了："你们家在1897年把我们家的股票骗走了。"

当能力让位给家庭需求，或者出于家庭原因做出商业决策时，家族企业运行前方便亮起了红灯。

领导力

家族企业值得尽早强调的最后一个挑战是领导力，或者说是缺乏领导力，在组织内部没有人被授权负责的情况下。当企业发展到第二代时，这一点就变得尤为重要，而当发展到第三代时更是如此。

举一个家族传承的例子。某家族企业董事会由三兄弟组成，他们拥有相同的公司股权，并且没有一个人被赋予最终的控制权与决定权。这是家族企业普遍存在的一个弱点，即不愿分配权力。企业创始人不愿意做继任计划，也不愿意在最终退出时选择自己的哪个孩子做哪个工作，这种情况前面已经讨论过。在很大程度上，三兄弟的困境可能是创始人的错。但是对他们来说，如今修正为时已晚。家族每一代人都有责任解决自己这代面临的冲突，这样才能很好地将企业管理权传递到下一代手中。参与家族管理的亲兄弟们必须定义彼此权力之间的关系，然后才能开始思考企业未来的发展方向。如果他们不这样做，第三代人登上家族企业管理的舞台，可能会导致将来无法控制的冲突。

竞争优势和优异表现

由于家族企业的一些优势和弊端往往带有传闻轶事的色彩，最近有很多研究试图提供一些确凿的证据，证明这些因素对家族企业商业绩效的影响。比如一些家族企业拥有承诺、稳定性、灵活性和长期主义等优势，是否会转化为有形的商业回报？而家族企业的弊端，比如对变革的抵制、家族价值观与商业价值之间的冲突，是否会让非家族企业与家族企业相比更具有竞争优势？

华威商学院（Warwick Business School）于1996年—1997年期间在英国进行了一项研究，从427家非上市公司中收集了横截面信息，并使用9个标准对家族企业和非家族企业的表现进行了比较，其中包括销售增长率和就业率。一些评论人士怀疑，在对广泛的家族企业样本进行检验时，家族企业的相对优势和劣势（虽然在单个公司的基础上往往是至关重要的）可能会相互抵消；事实上，本研究的主要发现是，未上市的家族企业与非家族企业的绩效在统计上没有显著差异。在2006年曼彻斯特商学院和CIIM商学院的一项研究中，被引用的家族企业表现更好。1999年—2005年期间，家族持股比例较高的英国上市公司的股东回报率，比伦敦证交所富时指数（FTSE All Share Index）所列公司的股东回报率高约40%。这一表现与美国最近的研究结果一致，即家族上市公司的财务表现优于标准普尔500指数（S&P 500 Index）上市公司。

继续这一国际视角，约翰·沃德回顾了越来越多的证据，这些证据现在倾向于支持这样一种观点，即在一系列衡量指标上，包括资本回报率、盈利能力和增长，家族企业确实会带来更好的财务业绩。然而，他也相信，家族企业似乎不知道自己的独特优势。他指出，有3种优势可以解释家族企业的突出表现：首先，家族企业往往奉行与通常被追随或推荐的战略不同的战略，本能地选择这些战略并成功实施；第二，家族企业文化的积极贡献；第三，对家族企业连续性和风险规避的关注，会改变人们的态度和心态，从而产生谨慎的观点和避免某些类型的错误。

家族企业成功的领域

虽然在市场上每个领域都可以发现家族企业活跃的身影，但前文提到的家族企业特殊优势意味着它们在某一些领域可以更加蓬勃发展，能够充分利用它们的优势。因此家族企业更有可能在工业、科技领域这些需要长期发展的产业崭露头角，不太可能出现在快速增长且资本要求高的行业中。

此外，家族企业通常在个人、所有者和管理者功能非常重要的服务业领域表现很好。例如，英国的大多数连锁酒店最初为家族所有，家族企业在创新驱动为主要因素的领域中表现很强劲。零售业有一个伟大的传统，那就是一代人传承到下一代（如River Island和C&A等时尚集团）。

一份巴克莱银行调查中引用的早期数据发现，在英国营业额不超过500万英镑的家族企业中，家族企业在农业部门和零售业最为常见，在金融服务业和商业领域最不常见。调查结果总体来看，家族企业在以人为中心的行业比较集中，如旅游业或手工技能很重要的领域。几乎所有农业企业为家族所有和管理（有助于解释他们的另一个发现，那就是东安格利亚作为英国一个重要的农业地区，也是该国家族企业的占比最高的地区）。

小企业行业的另一个例子是，家族企业在特许经营行业发挥重要作用。约80%的英国特许经营权为已婚夫妇经营，大多数特许经营权都是作为家族企业运营的，许多下一代家族成员将运营特许经营权的业务，这是他们获得实际工作经验的好机会。

在现金流良好的行业中也经常发现家族企业。现金在家族企业融资中有着举足轻重的位置。例如，在食品加工领域，传统意义上这一直是一个很好的现金产生器，并且有着历史悠久的公司，例如英国联合食品公司和英国的坎贝尔汤，目前仍为家族企业。韦斯顿家族拥有英国联合食品公司54%的股份，发明了浓缩罐头的约翰·多兰斯（John Dorrance）的后代持有公司43%股权。同样，家族企业在小众领域也做得很好，通常仍然利用多年前公司创始人的天赋，或者基于某些特定的知识或商业秘密，而后者代表了成功的关键。

最后，家族企业在供应链行业是相对成功的，其业务涉及与其他更大的公司的供应关系，而这些公司赏识和重视家族企业主的存在。因此有很多家族企业是经销商，尤其是在汽车行业。例如，有着17亿英镑营业额的瑞雷格·瓦迪（Reg Vardy），可追溯到20世纪20年代，创始人在达勒姆附近的霍顿勒斯普林开始从事运输业务。

FAMILY BUSINESSES
THE ESSENTIALS

第 2 章

家族企业动态：
人，体系以及日益增长的复杂性

家族企业动态的特殊性将家族企业得以与其他类型企业进行区分。这种动态主要作用为以下3点：影响参与家族企业事务的人；影响企业的组织与运行方式；影响家族企业的复杂性，这种复杂性与日俱增，并且和企业传承息息相关。

家族企业中的人

家族企业因为里面工作的人而与众不同。公司的员工、经理、董事会成员、股东、顾问，他们的出现不是随机组合，而是有着血缘关系的一家人。有些时候，特别是家族企业发展早期，家族对企业运作参与局限于一小部分人，但是无论企业规模大小，每个家族成员都有他的处事态度、行事观点、人生目标和个人优缺点。所以，理解家族企业的运行，重要一点是要理解家族企业的每一个参与者的背景与不同寻常之处。

创始人

彼得·戴维斯是美国家族商业研究的先驱之一，他对"企业家"和"创始人"两个概念提出了一个重要的区分：

> 尽管家族企业的创始人都是企业家，但并非所有的企业家都是创始人。创始人有强烈的直觉与丰富的情感。他们显然有驱动力和野心去创建伟大的事业，但是他们也热爱所创造的一切，这使得他们想要世世代代将自己创造的事物延续下去。

他接着指出了3种类型的创始人，分别为业主型（proprietors）、指挥型（conductors）和技工型（technicians）。因为创始人的性格、态度和行为影响着家族企业发展的每个阶段，而且在许多情况下，他们的影响力会持续很长时间甚至到创始人去世之后，因此该类型创始人的一些主要特征值得强调。（友情提示：大多数家族企业创始人属于上述所描述的3种类型的一种，但是，就像所有要归纳人类个性的尝试一样，强调个性分组虽然有帮助也很重要，但在一定程度上也是武断的，因为有些时候创始人身上会同时表现出这3种类型的特征。）

业主型创始人

对于业主型创始人（通常是家族企业的传奇人物），核心是掌控企业，而不是仅仅拥有控制权。他们的身份通常与公司的身份紧密相连，他们对其他任何人的决策能力保持怀疑，主导自己的孩子和其他家族成员的行为,如同主导公司其他工作人员一样。

业主型创始人只想控制他们的孩子,而不是发挥其才能,以确保顺利接班。面对创始人的行为,家族下一代可能会变得依赖和顺从,偏安一隅,在企业的某些部门低调地按部就班工作;或者,他们采取一种叛逆的策略,去挑战创始人的权威。后一种做法的典型结果是一段反抗和反击创始人权威的动荡传奇,家庭关系不断恶化,家人们最终分道扬镳(图2-1)。

当业主型创始人发展到其他所有人被排除在任何实权或责任之外的时候,在其控制下的家族企业很难做到专业化。专业化至少涉及战略管理、领导指挥、控制和人员配置等,并且强调积极主动、有才华的员工在组织中存在的重要性。那种依靠冷静的头脑、基于信任的理性分析,以及适当进行责任授权等行为对大多数业主型创始人来说都很难接受。

在彼得·戴维斯对家族企业创始人类型的分类中,业主型创始人往往是家族企业中的传奇人物,或许最著名的例子是亨利·福特和他对美国的福特汽车公司的独裁控制。在20世纪的前30年,他将福特公司打造成为世界上最成功的工业企业。但在其后15年的时间里,他的偏执和强硬的行为方式几乎使公司破产。他唯一的儿子埃德塞尔当上了公司的董事局主席,但在他的任期内,亨利·福特仍然活跃在公司中,并实际掌握着公司的权力。埃德塞尔凭借自己的创造力、协调能力、管理方法和良好的判断力受到公司尊敬,但他的董事局主席纯粹是名义上的职位。他的父亲否决了他所有的重要想法,并在公共场合贬低他,把他描绘成无能、软弱和"沉迷于鸡尾酒和颓废的东区生活"。埃德塞尔在一场破坏力巨大的权力斗争中成了一个棋子,并最终变成了一个软弱破碎的人。

图 2-1　理解父子矛盾的心理基础是管理与解决困难的第一步

指挥型创始人

与业主型创始人一样,指挥型创始人也很在意对企业的控制力,但他们更愿意培养优秀的员工,在组织内适当放权,促进企业整体效率与和谐。指挥型创始人喜欢家族企业的概念,也热衷自己的孩子加入公司,和他们一起工作。因此,他们会精心安排子女入职家族企业。为了保持家族和谐,指挥型创始人倾向于鼓励子女负责公司的不同部门,比如一个负责市场部门,其他的负责生产部门与财务部门。

指挥型创始人为家庭和家族企业感到骄傲。他们努力营造着一种齐心协力、忠诚和温暖的氛围,他们的办公室经常摆满家庭照片。但这敏感可爱的表象无法掩盖指挥型创始人想牢牢控制公司这一事实。他们的大部分行为是在支撑自己作为大族长的角色,并确保自己指挥统领的地位不动摇,引领着公司的发展。随着公司发展壮大,指挥型创始人会试图避免权力传承问题带来的两难困境,不愿意选择一个传承人而牺牲其他孩子的利益。到这个时候,企业就会暗潮涌动,紧张局势因为传承问题的推进而加剧,但企业中和谐共荣的商业文化已经形成,这种文化没有足够的能力去承担家族压力,这时候商业和家族关系的结构也会随之受到威胁。

技工型创始人

技工型创始人,是彼得·戴维斯研究中最后一种类型的创始人。他们根据创造力或技术能力来建立公司,有着钻研精神。他们通常都不热衷公司管理等日常琐碎事务。不像指挥型创始人,技工型创始人可以接受引入非家族管理人员,让他们代替自己进行组织管理的想法。

尽管技工型创始人乐于放弃对公司管理的把控,但他们不太愿意将他们的特殊技能或知识传授给下一代,这导致下一代可能缺乏技术技能。戴维斯解释说:

> 对于技工型创始人而言,他们掌握的知识和技能就像一把亚瑟王的神剑,神剑给他们带来了声望和权力。他们最不愿意做的就是把神剑让给他人,特别是自己的孩子,因为下一代最终可能会篡夺他们的位置。

家族下一代因此进入了公司行政管理序列，从而避免了与创始人的竞争（也无法因为付出从创始人那里得到一丝尊重）。结果，这些家族下一代经常发现自己与非家族成员经理人有着根深蒂固的矛盾。

尽管很难放手，但随着年龄的增长，技术型创始人往往发现他们几乎没有回旋余地，因为这些知识对于公司的成功至关重要，如果没有这些，公司的存在毫无意义。最后，迫使这些创始人放手的，往往是他们自己最终意识到了只有将企业的核心内容进行传承，公司才能生存下去。

前文对创始人类型进行了分类，接下来我将分析家族企业中的其他人际关系与角色，这将会帮助你摆脱对家族企业复杂人物体系的理解困境。

家族企业中的女性

尽管"性别歧视"在大多数家族企业不怎么存在，但是由于性别问题而造成紧张态势却是事实。

关于这个话题的可参考数据并不多，真实情况的描述往往基于观察和商业案例。显然，在过去的几十年里，伴随着女性的独立活动和个人野心的增长，女性意识的崛起在家族企业发展中已经走过很长一段路。与此同时，我们还看到家族企业家的妻子们扮演着一个非官方的、传统的幕后角色，作为女性知己或者商业顾问，承担着幕僚的角色，通常是表达对于人情的看法，同时作为家族的精神领袖和团结的象征，促进家族内部团结一致与加强沟通。家族企业的女性同时担任妻子和母亲的角色，她们的首要任务是维护家族团结。当父亲和孩子之间出现冲突，家族企业家的妻子（有时被称为"首席情绪官"，Chief Emotional Officer）会走出来平稳局势，维护家族内部和平。

在英国，越来越多的女性拥有自己的企业。在过去的30年里，女性所有权呈上升趋势，主要在贸易行业，同时也存在于合伙企业和有限公司。女性全资或多数持股的企业分别占英国上市公司的12.3%和16.5%。整个英国以及西欧的经济增长普遍缓慢与妇女企业在美国的壮观扩张形成鲜明对比。

在家族企业中，对儿子和女儿的不同对待，体现了家族企业内部对性别的区分对待（通常是以微妙的方式进行）。从如何进入企业工作开始，因为女性通常不在她们的父亲企业发展的规划当中，所以往往需要主动提出"需求"才能加入。更为普遍的是，女性很少认为自己被赋予进入家族企业工作的权利。在公司里工作的家族女性通常会发现，从父亲那里学到知识要比从她们的兄弟那里容易得多，因为她们心理上没有所谓"父子"的冲突，而且事实上女性心思更细腻，态度更诚恳。可以确定的是，女孩子必须比她的兄弟们更努力地工作，才能赢得生意上的尊重。但是，尽管目前仍存在一些"传子不传女"的老观念，但现在社会，传承人的个人优点和能力水平比过去更加受重视了。

当谈到将业务传递给下一代的时候，性别差异的偏见似乎仍然根深蒂固。人们普遍认为下一代男孩会得到企业，而女孩会得到现金遗产，并且认为女孩们不太可能有兴趣为家族企业工作。在一些地方，男性才能延续家族血脉的观点仍然影响深远。例如，之前在印度，社会地位高的家族中孩子会内部转移，以确保每一个家族派系中都有一个男性。另一个比较著名的习俗是，如果家族中哥哥不能生孩子，则会收养他弟弟的儿子为自己的子嗣。

在西方，可以说家族企业中性别歧视的现象屈指可数，因为家族企业已经变得更有见识、更成熟了。在过去，家族企业中很难找到女性家族成员担任管理和领导者，但如今，这种情况颇为普遍，许多女性在结束顶级国际商学院MBA课程学习后，加入家族企业。同样，在家族企业传承中倾向于选择儿子的现象现在已被社会认为是历史上的错误，人们的注意力现在更多地集中在传承人能力的考量上。

"夫妻档"团队

丈夫和妻子一起打拼并不是一个新现象，但新现象是，夫妻之间在企业的平等程度越来越高。

虽然家族企业有诸多特点，但是很多方面几乎没有固定的规定。对夫妻来说，有的夫妻一直在一起，可能会导致离婚和其他灾难性后果；对另一些夫妻而言，共享商业经验如同分享各自人生经历，可以使婚姻更牢固、更丰富。虽然性格与天赋互补起到一定作用，更为重要的是，这对夫妇必须能够作为团队一起共担风雨。这意味着他们必须决定如何分工、分配权力，并分配他们奋斗的果实。

尤其是在决策和角色定义方面，会面临一些棘手的问题。一些"夫妻档"团队认为，共同制定商业决策是成功的关键；而其他"夫妻档"团队则根据之前商定的分工角色，或者彼此认同的优劣势来划分决策责任。因此，在某一领域拥有权威的配偶负责该领域并做决策。清晰的角色定义至关重要。有意识地将业务和家庭问题分开，才能避免由业务决策产生批评或冲突不会升级成为个人问题。

打算一起做生意的夫妻应该意识到，他们可能会进入影响情感的雷区。这必须是他们一起下决心要做的事情。但即使这样，最好在公司成立之初就让一个局外人加入公司组织架构，这个人能够提供平衡的观点，甚至在冲突发生时拥有决定性的一票，缓解紧张气氛，帮助这对夫妇避免陷入无谓的竞争、嫉妒和互相指责。

下面介绍一个案例。在一家夫妻合办的出版公司，夫妇每人拥有该公司50%的股份。最初公司盈利很好，但后来由于创始人夫妻婚姻中出现问题，企业也面临着倾覆风险。企业顾问们制订了一项计划，让有决定性一票的非执行董事长加入公司，旨在加强公司的管理。顾问找到了一名合适人选，有能力应付这对夫妇。他指导丈夫和妻子在公司内部担任不同的职务，每个人都有他们特别适合的角色：妻子承担创造性相关的任务，丈夫负责公司的管理角色。

结果，企业又兴旺起来，引入外部管理人使得企业结构清晰，帮助了这家企业复盘。虽然这对夫妇最后还是离婚了，但他们依然能够在业务中进行合作，共同努力，这一切得益于公司里这个中立的、来自外部的董事的存在，他赢得了这对夫妇的尊重。这个例子又一次证明，企业结构适当，通常是解决家族企业问题的关键。

家族企业中的姻亲

与祖上拥有家族企业的人结婚可以带来一些明显的好处：这些家族可能是富有的、有能力的、家庭关系紧密的，作为姻亲可能有机会在家族事业里谋一份工作,甚至最终成为企业股东。但这种婚姻也会涉及一系列潜在的问题,需要谨慎对待。

主要的问题涉及家族成员配偶的新家庭和家族生意,从感觉自己像个局外人,到被当作自己人对待的过渡期。即使家族成员配偶不在家族企业工作,他们也很可能会被迫参与许多关于这方面的讨论和会议,可能会感到被孤立在外。家族企业有着共同之处,企业运行中包含着对家族企业充沛的热情。家族成员的配偶作为加入家族的新人,没有与这种家族相处的经验,遵守家族规范可能会让他们感到压力较大。新姻亲的到来经常被视为对现状的威胁,迫使家族需要审查姻亲是否适合家族企业,以及他们是否能够最终拥有一份企业所有权。正如我们所看到的,有许多方面是商业家族不愿预测甚至考虑计划的。现在各地的离婚率不断攀升,例如在美国,1965年以后出生的女性拥有前夫的数量比拥有孩子的数量还多。对于这些父母结婚不止一次的重组家庭里的孩子来说,决定由谁来传承家族企业变得更加复杂。

解决这个问题的方法各异,世界各地文化差异也较大。其中一种极端情形是姻亲被家族完全接纳,在生意上享受作为家族一分子所拥有的地位,这在一些地中海国家很常见。另一个极端情形常见于美国,姻亲通常被排除在家族企业外围,不仅仅是股份所有权,还有任何其他形式的参与,包括企业治理结构。

美国一家已经传承到第四代的制药公司采取了一条中间路线。对于年轻家族成员和他们未来的配偶,该公司设置了一项融入家族生意的隆重程序。他们会被邀请参加家族年度会议(需要在会前签署保密协议)。会议上,年轻家族成员和他们未来的配偶将收到关于财产和信托安排的详细报告,以及在家族生意中作为新家族成员可以获得的机会和角色。这项会议的主要目的是确保每一个新的家族成员都能了解到他们自身的期望，以及家族对他们的期望。这样一来权利与义务保持相互平衡，并且传递了一个积极而又清楚的信息：家族欢迎新成员的加入。但是同时他们也需要尊重代代相传的规则和传统。

家族企业中的姻亲应避免仅通过自己的配偶来与家族和企业建立关系，同时低调发展家族内部友谊，谨慎地鼓励家族接受和相信自己。在家族冲突中不应该偏袒任何一方，或者试图成为调和者，哪怕出于好意。因为在这种情形下，家族的姻亲们将不可避免地被误解。除了总体上充分准备，保持耐心和头脑冷静的外交策略外，可能需要不同的策略方法以解决家族企业中女婿和儿媳妇的问题，尤其当决定他们是否加入家族企业时。

有些家族不仅对亲生子女参与家族企业施加压力，还要求他们的配偶也在家族企业工作。这些家族成员的配偶对于公司的贡献可能是巨大灾难，也有可能是巨大成功，很少存在二者之外的一个结果。导致这种结果两极分化的其中一个因素是，家族成员将他们视作外人，而非家族成员的员工则认为家族姻亲得到那份工作仅仅是因为婚姻上位，没有人在意他们自身的表现。他们发现，自己的缺点很快成为人们关注的焦点，如果他们想要被接受，必须证明自己确实非常优秀。为了应对这两种类型的偏见，姻亲应该尝试在加入家族企业之前获得外部工作经验来自我证明。他们生活在聚光灯下，只能"以才服人"。

一些男性企业家可能发现，他们与女婿的关系要好过与自己的儿子，因为没有传统上的"父与子"的冲突。很多企业则不愿承担风险，去测试这个定律对他们来说是否正确。例如罗斯柴尔德家族内部有一项不可改变的家族铁律,即不允许女婿参与家族生意。

婚前协议也是一种解决方法,尤其是在美国很受欢迎。一些商业家族坚持认为,所有的家族成员在结婚之前需要与他们的配偶签订婚前协议,划清资产边界,主要是指家族企业的股票,确保无论发生什么这些股权都能把握在婚前拥有财产的人手里,产权不随婚姻状态改变。这种设计的初衷是为了避免家族企业落入新姻亲之手。

婚前协议在英国没有法律约束力,但其利弊争论还在继续。在英国的一宗离婚案中,法院对婚前协议是否完整披露了收入和资产进行审理,各方则各自寻求独立的法律建议。

多代家族的所有权

大多数家族企业是由父母与子女组成的单一家庭单元,这种结构相对比较简单。但是当不止一个家庭单元深陷家族事务时,这些问题的复杂度呈几何倍数增长。通常情况下,如果企业能够延续到第二代和第三代,就会发生此类情况。

让我们设想下面的例子:企业所有者将业务交给他的两个孩子。如果两个孩子又各自拥有两个孩子,他们分别传承了父母的股份,这家企业在第一代只有一名所有者,第二代有两名所有者,第三代有四名所有者,家族第二代由兄弟姐妹组成,第三代则由兄弟姐妹、堂兄弟姐妹组成。如果这一业务最开始由没有亲属关系的合作伙伴创立,而这两个合伙人将各自的股份留给各自的家族,那么这个股东迅速激增的问题就会变得更加尖锐。在第二代中,可能会有5名或者6名股东,而在第三代则有12或15名。

这些例子关注的是不单单是数字问题，考虑的也是家族动态学问题。例如两个兄弟创业，每个人拥有50%的股份，兄弟A有两个儿子，兄弟B有两个女儿。一旦两位创始人离开了企业，这4个孩子每一个都拥有该公司25%的股份。可能男孩们在这个公司继续工作，而女孩们只持有股份，不参与公司事务。在这种情况下，假如公司蓬勃发展，兄弟俩可能开始犯嘀咕："我们做得很成功，但在很大程度上，我们是在为对业务毫无兴趣的堂姐妹们打工。我们为什么要这样做？"相反，如果公司不断走下坡路，而碰巧两姐妹都嫁给了律师，看过年度账目的律师姐（妹）夫们则提出："我们拥有这家公司一半的股份，但是现在公司开始走下坡路，管理企业的堂兄弟们正在毁掉它。我们最好找到一些更有才能的新人来接替那些堂兄弟，阻止企业进一步衰退。"这两种情况都是可以预见并且令人担忧的情景。

兄弟姐妹最终是要在家族企业中共事的，尤其是在第二代家族企业中。由于它可能对公司造成巨大破坏（在本章后面会对兄弟姐妹的竞争进行分析），最好的解决方案，就是对参与家族企业的兄弟姐妹们进行职位和责任的严格定义、区分。在这里值得一提的是，一些家族企业研究专家相信兄弟姐妹间尽管存在嫉妒和竞争，但是相较于与那些没有共同成长的人合作，更有可能形成有效的商业伙伴关系。当兄弟姐妹在一起做生意的时候，即使他们不一定喜欢彼此，但相对更了解彼此是怎么想的，知道对方如何应对压力、应该如何激励对方，以及伴随着共同成长而形成的分歧解决能力。（堂）表亲们则没有这样长久以往形成的纽带与默契，他们来自不同的家庭，是家族成员与不同姻亲的结晶，这导致他们彼此的价值观可能截然不同。

传承几代的家族企业需要组合独特的人才、技能和态度来维持运行。所以这也就不奇怪为什么大部分家族企业"富不过三代"。努力避免家族冲突而采取的措施，有一点是让那些对公司不感兴趣的家族成员卖掉他们的股份，并确保负责经营管理的家族成员能够胜任。

很多人认为"批量式"转移企业管理职位给家族外人是解决冲突的唯一的答案，虽然主要领导权仍然掌握在主要家庭成员手中。如果股票投票权分散，家族成员的不同需求可能会导致一触即发的家族战争（例如，在一家英国历史悠久的鞋类制造商和零售商内部爆发的家族矛盾仍然令人记忆犹新，本书后面会讲到这个商业案例）。实际上，在这种情况下，避免混乱的最好方法是通过某种形式集中公司所有权。在第7章中讨论多代家族企业的治理时将详细分析。

非家族成员的员工

讨论家族企业动态学研究，而不讨论学术界研究甚少的非家族成员雇员，是不完整的。成功的非家族成员雇员往往拥有有趣的性格，以及"善于掩饰"的谋思，以帮助他们适应异常苛刻的工作环境。这种工作并不适合每个人。有很多才华横溢的职业经理人纷纷辞职，他们或者错过机会，或者因为在家族企业内部，过多办公室政治和情感的暗流成为阻碍工作的重要干扰。但能够应对自如的家族企业职业经理人，其能力往往非常卓越。

在第5章将会详细讲述非家族成员在家族企业中担任的管理者角色。

在家族企业中管理分歧

在本章后面章节，我们会讨论家族和企业是两种截然不同的、本质不相容的体系。家族行为的建立以情感系统为基础，被潜意识所影响；但是企业行为以如何完成任务为出发点，普遍是有意识地进行各种决定。家族企业是两种体系的结合，有两种体系的优点。但当家族情感问题和潜意识的需求表现出来（通常以比较激进或具有破坏性的形式），在家族企业的背景下其影响可能是毁灭性的。

有两种特殊的家庭冲突会严重影响企业的经营：父子关系，以及兄弟姐妹之间的竞争。这种冲突不需要以一种积压已久然后一瞬间爆发的形式，使家族成员突然无法继续合作（尽管有许多著名的家族分崩离析的例子）。更多的时候，这些冲突持续发生，争论的过程通常比争论的主题重要得多。由于同样的原因，内部战斗一次又一次地进行着，成为持续多年的消耗战，耗尽了公司的力量与活力，最终导致企业走向毁灭。

父与子的冲突，以及兄弟姐妹之间的竞争永远无法根除。了解这些矛盾背后的心理因素本质，是能够防范它们破坏性后果的关键一步。

父子关系

父女关系通常情况是较为和谐的，而父子关系大多数都比较复杂。父亲和儿子之间复杂的关系一直是心理学家和家庭治疗师研究的课题。对目前学术研究进行全面回顾在这里既不实用也不恰当，因此下面的内容重点总结了学术界关于父子关系研究成果，特别是关系到对当事人情绪健康以及家族企业健康发展的影响。

值得强调的是，父子关系并不总是糟糕的，在很多家庭里，父子爱戴和尊重彼此。他们发现，彼此紧密地合作，不会造成紧张关系，反而是世界上最自然、最容易的事情。确实，这种和谐的关系往往是独特力量的源泉，能够推动一种高效而强大的商业伙伴关系的形成。不幸的是，这种卓有成效的团队合作不太常见。我们需要研究为什么父子间会出现这些问题。

从每个人的心理需求的角度来看待父子关系是一种行之有效的方法。我们从建立了家族企业的父亲角度开始分析。或许人们已经注意到，许多企业家把他们创造的生意看作是自己生命的一种延续——代表了他们的自我实现，甚至男子气概，是个人成就的象征。与企业家共同工作或者为企业家效劳的人，往往被视为是创始人在塑造这个组织过程中的"工具"，当创始人去世的时候，企业便成了他的丰碑。因此，家族企业创始人大都会小心翼翼地守护着权力，在放权方面比较迟疑。表面上，父亲想要让儿子进入这个家族生意，有计划地逐渐将担负的责任转移到儿子身上，最后将公司的控制权交给了下一代。但是在潜意识中，父亲想要比儿子更强大：他觉得将生意交给儿子会影响自己的男子气概；如果他让儿子获胜，自己将被从权力中心移开。这些相互矛盾的想法往往导致家族里的父亲行为举止怪异，而又无法解释。有时，他这么做的唯一动机是企业的福利和发展；有时，则是看起来父亲似乎想要破釜沉舟毁掉公司一般。

儿子身上发展的敌对情绪其实是父亲情绪的反射。心理学家告诉我们，对父母权威的叛逆是孩子成长的自然阶段，当父母是成年子女的雇主，同时也是经济支柱的时候，在这个阶段叛逆心理可能被压制。孩子不断长大，在组织中开始寻求越来越多的独立、责任和执行能力，但他发现这些需求被自己的父亲拒绝，因为父亲拒绝交出权力。儿子大多拼命地想要接手生意，但是却在相当长时间里被边缘化，坐"冷板凳"，甚至超过了其他同等能力和经验的人在非家族企业中担任管理者的年龄。父亲并未退休，尽管他一再承诺一心想退休。这种矛盾的信号往往让儿子更加沮丧。父亲对于释放权力的言行不一致，无疑是让人恼火的。美国的商业研究员哈利·莱文森很好地总结了这一两难困境：

> 父亲经常与儿子们讲，说自己正在为他们"打天下"，这份家业最终将是他们的。他们不应该向父亲要求薪水或适当的权力，因为他们将会接手所有的一切。他们也不应该离开父亲和家族事业，因为父亲对他们很好，而且奉献给他们很多东西。因此，他们无奈被迫走到一个进退两难的局面：一方面，想要活出自我，成为一个独立、成熟的人；另一方面，他们想要得到父亲承诺给予的东西。如果他们离开了家族企业，似乎是忘恩负义；如果他们威胁要推翻父亲的权威，或要求分享他的权力，实则是摧毁父亲；如果他们不按照父亲说的去做，他们就会成为不忠诚和不被欣赏的儿子。

因此，"一触即发"的紧张情形就产生了。父亲认为儿子是不忠诚的，甚至有背叛他的潜在危险；而儿子则认为自己是情感勒索的受害者，对他的父亲怀有敌意的同时，因自己的敌意而感到内疚。

IBM的发展历史深刻地反映了家族企业中父子冲突的对立统一。托马斯·沃森（Thomas J. Watson）父子建立了IBM，这是人类有史以来规模最大、利润最丰厚的企业之一。父子两人彼此相爱但又彼此折磨的故事却耐人寻味。在1990年出版的书《父与子》中，小托马斯回忆了他们父子的关系：

> 在第二次世界大战之后的10年里，我跟随父亲一起工作的时候，他传授给我他的商业秘密。这是一段如同暴风雪的关系。在公开场合，父亲会慷慨地赞扬我……但是私底下，在和父亲的一次又一次的争吵中，我们徘徊在隔阂的边缘。这些争吵往往会以眼泪收场，我哭，父亲也哭。我们在每一个生意问题上都有矛盾……我从来没有认为自己是和父亲矛盾冲突中的胜者，但我希望我的成功，足以让人们认为我不愧是父亲的儿子。

正如哈利·莱文森所解释的那样，在家族企业中，父亲与儿子的冲突可会以多种不同的方式表现出来。父亲经常积极地营造一种"模棱两可"的气氛，让他可以在事件发生时发号施令，而不是被清晰明确的规则所束缚；而儿子想要的，是清晰明确的方向。同样，父亲通常愿意推迟决策，拖到最后；而儿子倾向于果断地做出决策。这些行为模式，刻画出儿子最终接管企业后可能遇到的问题。父亲可能保留着过时的管理原则和技术，或者是家族公司扩张到一个人已无法有效控制的情况，儿子发现自己面临的任务是修复一个充满了以前隐藏的弱点的组织。而这份工作对他来说可能难度很大，因为这时候的企业已经演化成如果没有其创始人在岗则不能生存下去（或者至少不能独立生存）。

在一个案例中，家族商业顾问参与调解一个中型包装公司的父子的纠纷。某年9月，家族中的儿子找到了咨询师，说他的父亲突然毫无征兆地宣布他想要在圣诞节退休，并要求儿子给他一张支票来买走这家公司。儿子解释说，自己在这家公司干了23年，企业大部分的经济增长都是他兢兢业业努力的结果，现在被要求用钱去买这家公司既不合理也不公平。咨询师进一步询问了儿子他刚加入公司时最初的协议是什么。"你居然问了这个问题。"说着，儿子从口袋里掏出一封4页长的信，是他父亲在23年前写给他的，恳求他加入公司，并解释未来发展的机会。在这封信的3个不同段落中，都重复着一句话："有一天，儿子，这一切将属于你。"儿子一直的理解是，如果他一直在公司工作，有一天他的父亲会将公司传承给自己。咨询师问儿子，收到信后有没有与父亲讨论关于将来所有权的事宜，儿子回答，每次与父亲在谈到公司的所有权问题，父亲都很紧张，所以他也一直回避这个问题。

咨询师随后与父亲站在那讨论了一番，并请他解释这封信。那位父亲说，这封信纯粹是出于管理的目的，他说的这些话并不是打算将企业留给儿子做礼物。23年前，他解释说，他不知道企业将来的发展，是会赚很多钱，还是会止步于小本买卖，甚至是赔得精光。他想让未来企业权力交接的选择有回旋余地。

最后争议无法得到解决，这对父子也分道扬镳了。儿子辞掉公司工作去读MBA，开始了新的职业发展。我用这一段尴尬的父子关系事例强调，预期管理在家族企业中至关重要。当儿子和父亲一起在家族企业工作时，双方都需要重新考虑他们的关系。如果儿子在家族生意中还是把父亲视为"父亲"而不是"老板",虽然他知道他的父亲在家里是什么样的,但是对父亲的商业形象没有任何概念。在这种情况下,作为父亲需要承担额外的义务和责任。例如,在本案中,年轻的儿子面对父亲的恳求,没有要求起草一份合适的法律协议,规定他工作的待遇条件和未来的企业权力交接的计划。这时候,父亲有责任主动采取行动。

在本章后面将会讨论处理隐藏在父子关系背后心理因素的策略。现在,我们将接着讨论第二重要的家族冲突来源,这同样可能危及家族企业的有效运作。

兄弟姐妹间的竞争

兄弟姐妹之间的竞争是许多家族企业成功道路上潜在的障碍。在研究可以控制矛盾的方法之前,理解它产生的原因和如何产生是至关重要的。

心理学家认为,兄弟姐妹之间的嫉妒根源于童年时期,孩子们对父母关爱的强烈渴望。这份渴望深层次的是孩子们觉得如果父母表现出对兄弟姐妹的关注,就意味着父母认为兄弟姐妹的价值更高,自己的价值更低。

家中的兄长,因为年龄、个头和能力往往会受到弟弟们的嫉妒。妹妹会嫉妒姐姐的美貌,或者她不得不被塑造成一个"楷模"来弥补和纠正姐姐的坏习惯。

兄弟姐妹之间在家庭环境中的竞争是正常的,可以被看作是一种有益的竞争,来激励孩子们健康发展,使其成长为一个有担当、善于解决问题的成年人。但是这种解释中有一个假设,即成年的兄弟姐妹会在生活中走不同的路,离开父母的家,建立各自独立的家庭，进入不同的职业发展道路，等等。对家族企业来说，这种正常的、独立于家族的发展被抑制了。在家族企业的情形是，兄弟姐妹之间童年的竞争，比如兄弟之间对父亲宠爱的争夺，延续到成年人生活中，因为大家都在同一家族企业工作，每日会不可避免地与父亲或者兄弟接触和联系，使这种争夺持续发酵。因此，我们发现兄弟姐妹之间的竞争影响着企业的经营方式、决策制定。如果不加以控制，家族企业会陷入瘫痪。

著名奢侈品牌古驰（Gucci）的兄弟之争是家族企业内部不断升级的争斗的生动例子。古驰帝国以奢侈的时尚单品和配饰闻名世界，从1905年佛罗伦萨的一间简陋马具店走到了今天的时尚巅峰。古驰第二代传承人鲁道夫·古驰和奥尔多·古驰兄弟各自拥有家族帝国50%的股份。起初，他们虽然彼此竞争激烈，但都在努力克制，每个人对于如何扩大业务和安排自己的儿子在公司任职都有不同的想法。争论和怨恨不断升级，直到20世纪80年代，他们开始大打出手，争夺董事席位。当所有权从第二代向第三代过渡的时候，奥尔多·古驰将自己50%的股份不平均地分给自己的孩子们，但是鲁道夫·古驰将全部50%股份传给了自己唯一的儿子莫瑞兹奥·古驰的时候，这种明显的所有权不平衡引起了纠纷和愤怒。除了董事会的争夺事件，其他的争斗也包括奥尔多·古驰的儿子保罗·古驰将他的父亲告发到税务局（后来又起诉他），以及和莫瑞兹奥·古驰在1995年被谋杀，结果发现幕后黑手是莫瑞兹奥·古驰的前妻帕翠亚·赫格雅尼。人们戏称，古驰家族暗箭伤人的手段，堪比中世纪佛罗伦萨的波吉亚（Borgia）家族。就在莫瑞兹奥·古驰被刺杀之前，古驰公司已经因为冲突而经营不善，被迫出售。

很多时候,家族企业所有者无意间营造家族成员的竞争氛围,使得兄弟姐妹之间原本便已经存在的竞争更加激烈。更普遍也更为严重的问题是,父母平等对待孩子的家庭原则可能会被应用到公司事务中去。这种处理方法导致孩子们在企业中拥有相同的股份,同为董事会成员,彼此之间的竞争格局与发展就此被锁定了。

如何处理这些矛盾

很少有父子矛盾或者兄弟姐妹等其他形式的家族纷争可以完全避免或得到完全解决。这些竞争是许多家族企业的本质特性,因此问题在于这些矛盾是否会从一种特定行为,发展成破坏性的力量,威胁着企业的生存。换句话说,家族成员能否做到学习管理冲突而不是被冲突管理。

从积极的一面来讲,当涉及冲突解决和冲突管理时,商业家族确实有自己的独到之处。拥有这些技能通常是强有力的家族特征之一(我们会在第3章中集中讨论),大浪淘沙后而尚存的家族企业通常背后都企立着强大的家族。我们所讨论的"最优家族",往往拥有妥善处理个人选择与家族需求间紧张微妙关系的能力。这种紧张关系存在于个人自由的追求和集体归属感之间。

首先,也是最重要的,对于在家族矛盾中苦苦挣扎的家族成员来说,理解父子矛盾、兄弟阋墙的心理基础是非常重要的。没有这些,我们将无法理解这些具有侵略性、破坏性和非理性的行为,以及牵涉其中的内疚感,是纯粹源于个人与家族这种关系的先天缺陷。当意识到这些最原始的斗争还影响着大多数人,紧张的情绪便会得到缓和,从而使双方更容易看清形势,更清楚地思考应对之法。

不幸的是，关于父子间的不和，过往经验表明大多数作为企业家的父亲，他们了解处理工作困境的程序，但是却不善于处理自己的困境。他们害怕失去控制权，担心被拒绝，这让他们难以明白也许还有其他有效的方法，使得他们可以在化解父子矛盾的同时不显得犹豫不决和优柔寡断。这意味着积极采取行动解决父子矛盾的大部分责任都落在了儿子的肩上。

如果父亲通过施压的方式而不是邀请儿子加入家族生意，那么这就为未来冲突埋下伏笔。关于二者的不同之处，哈利·莱文森解释说：

> 大部分的儿子解释说，一方面是因为机会摆在眼前；另一方面，如果自己不这样做，会产生对家族和父亲的内疚感。然而，事情的真相是强势的父亲迫使自己的儿子依赖于他，因此儿子逐渐变得不愿意依靠父亲生存。家族中的儿子们用"机会和内疚"使自己对独立生活的不情愿合理化。在他们的苦苦挣扎中伴随着依赖，这不妨碍他们仍然会继续与父亲在生意上做斗争，因为他们仍在努力摆脱父亲的控制。

儿子应该认识到，自己的愤怒和敌对情绪，自然会导致父亲的防御措施，以及双方日益坚定的立场。

父子之间的沟通是至关重要的。儿子应该学着向父亲解释说，他承认家族业务对于父亲是多么重要，这里面全是他的心血，但这和自己抓住独立的机会提升技能和责任感并不冲突。一种可能结果是，儿子开始了新的历险，要么是主管现有公司框架内的一个部门，要么是管理新的子公司。另一种结果可能是企业重组，在此基础上，该集团创建一个由儿子主持的核心运营部门，而父亲则控制其余的活动，并寻求新的开发领域。这两种方法都有利于儿子独立地成熟长大，同时避免了孤立父亲的可能性。

父子之间严重的分歧冲突可能需要第三方介入，这个中立的第三方可能是商业伙伴，或者专家顾问，他们需要理解错综复杂的问题本质。第三方首先应该私下与父子双方分别进行沟通，了解父子关系的历史过往和心路历程。之后在中间人在场的情况下，他们必须设法确保面对面讨论父子关系的真正问题——父亲害怕失去控制，儿子拒绝对他的依赖等。之后在彼此同意之下制定议程，即双方计划尝试改变他们的行为，以及可能推进的企业组织变革，来尽可能减少冲突的可能性。

如果所有这些解决矛盾的措施都失败了，那么儿子就面临着选择：学会容忍这种情况，直到事态发生转机；或者离开企业，在其他地方寻找机会。在这两种情况下，时间的流逝渐渐减少父亲和儿子之间的分歧，特别是儿子慢慢长大，建立了自己的家庭后，他不再认为父母是无所不能的，反而感同身受他们作为普通人所拥有的需求、恐惧和梦想。

转言到兄弟姐妹之间的竞争，相同思路：一开始需要理解每个兄弟姐妹对外采取的心理姿态，然后和他们一起谈论共同的感受和行为；如果必要的话，还是要借助第三方。然而，如果可能的话，兄弟姐妹们应该自己试图认识到兄弟阋墙的危害，并承认他们相互依赖，达成一种相互认同的行为准则，有时候可以引入企业独立董事们来帮忙，阻止过度竞争带来的破坏。

值得注意的是，兄弟姐妹之间的竞争，有时对其他家族成员来说是更大的问题。例如，在家族企业工作的兄弟们有一个分歧，他们下班回家后，向各自的妻子抱怨这些争论。第二天，兄弟们很可能已经忘记了争吵，因为他们是兄弟，天然的兄弟情使得他们过去常常一起做事，一起解决问题，会议与天然的情感缓和了之前的分歧。但是他们的妻子通常不会摒弃前嫌，会反复分析、反刍之前发生的种种冲突，与家族中自己的盟友商议，四处传播不安的情绪。这种由兄弟竞争而带来的后续破坏力，要比竞争本身更具有杀伤力。

除了敞开心扉，阐明他们愤怒和内疚的感觉，兄弟姐妹还需要考虑在企业中如何根据自身能力，来区分他们彼此的角色，减少潜在的竞争冲突，转而去互相补位。如果组织足够大，可以让兄弟姐妹各自负责单独的部门，或者按照地理区域负责分公司（最好两者都分开管理），从而达到最小化竞争的目的。这样做的目的是帮助他们专注于自己的工作，而不是把目光聚焦于他们的兄弟姐妹。

按照客观的标准来定义薪酬和职级，当一个兄弟姐妹比另一个做得好时，这将有助于降低负面情绪的影响。独立董事的存在具有潜在的价值，因为他们可以帮助公司做出客观的决定，并消除一些情感因素，在绩效评估、升职和权力传承方面发挥作用。

家族企业系统

第二个将家族企业与其他企业区分开来的特殊因素，是其组织和运营的方式。

家族企业与其他企业最主要的不同方面之一，是其公司董事、经理层和公司员工共享家族关系、价值观、道德观以及行为模式，并且这些观念或多或少都会被带到工作场所。本节关注家族关系对企业业务的影响，以及如何影响组织和运作，尤其是存在紧张关系的内在情感因素，主宰着家族生活和商业管理。

一个有用的框架是把家族与生意分别看作两个系统。最初的关注点不在于两个系统中个人的特征，而在于定义每个系统中个体之间的关系特征。在这两种系统中，这些特性的重点明显不同，如图2-2所示。

家族系统是建立在情感的基础上的，通过深厚的情感纽带，可以是积极的，也可以是消极的。这些纽带以及家族关系中的很多行为，都是潜意识的（如妹妹依赖强势主导的姐姐，父亲要比他们的儿子更强壮，等等）。家族系统往往是内向型的，重视长期的忠诚、关心和相互照顾。同时它也是一种保守的结构，将变化最小化，保持家族的平衡。

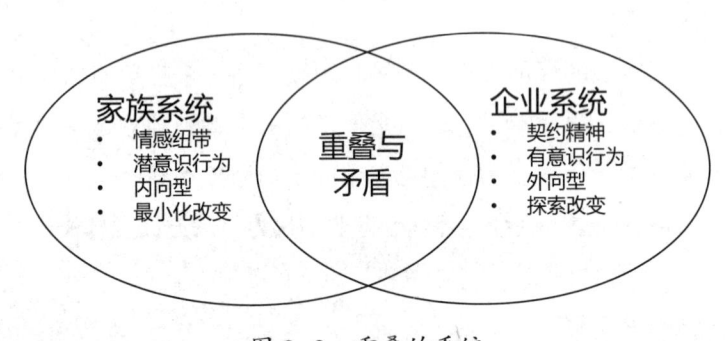

家族系统
- 情感纽带
- 潜意识行为
- 内向型
- 最小化改变

重叠与矛盾

企业系统
- 契约精神
- 有意识行为
- 外向型
- 探索改变

图 2-2　重叠的系统

企业系统是建立在任务完成的基础之上。它以契约精神为基础，在这种合同关系中，人们同意用工作来换取商定的报酬，而且在很大程度上，行为是出于有意识的决定。它面向市场，提供商品或服务，同时强调效率和结果，也就是其成员的能力和生产力。为了确保它持续生存，商业系统的运作是为了最大限度地进行改变，而不是避免改变。

在非家族企业中，这两个不相容的系统是相互独立运作的；而在家族企业中，它们不仅相互重叠，而且相互依赖。不同的目的和优先顺序使得家族企业中产生了特殊又紧张的关系，其中一些是由于创始人和其他家族成员在重叠的经营和价值观上的冲突。

不过瑕不掩瑜，这些缺点不应该埋没我们在第1章所讨论过的家族企业诸多得天独厚的优势。有一个有趣的理论解释成功的家族企业哪些方面做得最好，以及是什么赋予了它们独特的文化和卓越的表现（见第1章对家族企业优势的介绍）。答案是：用调和的思路与创新的行动，来协调这些分歧和矛盾。然而，依然值得我们关注的是家族价值观向商业活动的转移，以及商业价值观向家族事务的转移，都有不可否认的负面影响。

寻找平衡的方法

如何评估家族成员在公司的表现，如何实现管理权力的转移，以及如何分享企业的所有权，这些问题的答案都取决于从家族还是从商业角度看问题。更确切地说，是遵循家族优先还是商业优先的原则。

这里有许多家族优先解决方案的例子。老一代人希望下一代家族成员加入企业，而不管他们的天资、才华或喜好是否适合，都要求其投身于家族企业工作。一旦他们加入,年长的一代可能会要求他们必须得到同等的报酬,无论他们的能力如何、贡献多少。这种观念是基于每一位家族成员都有义务为家族企业做出贡献,金钱应该是家族成员最不关心的,无论他们获得比自身价值更高还是更低的报酬。而家族会有关于家族的孩子必须得到平等对待的信条,这种信条可能会反映在企业经营中,导致所有下一代家族成员拥有同等所有权份额,无论他们的地位以及对公司的贡献是什么。

商业体系的入侵对家族生活同样具有破坏性。带领着家族企业开疆扩土,一路高歌向前是所有家族企业家狂热追求的事情,这种单一的心态会破坏家庭生活的质量。同样,即使在企业发展的后期其他家族成员陆续加入家族企业,家族成员会发现生活的方方面面不可避免受到来自企业的渗透影响。这里有一条尤其重要的保持家庭与工作平衡的黄金法则:不在餐桌上谈论生意。很多家族不开心与矛盾的来源,都是发现家庭每顿晚餐都变成一个非正式的董事会议,集中讨论白天企业里面发生的问题,这是晚餐"董事会"首要议程,而家族的小朋友和其他并没有参与家族企业运作的家族成员会感到自己被边缘化了。

如果出现商业分歧,问题会变得更加严重。在一些家族里,商业决策上的分歧变得十分强烈,以至于蔓延到商业和非商业活动中,正常的家庭生活不复存在。

二者之间需要寻求平衡。家族和商业系统的重叠所引发的冲突是不能完全避免的。然而,成功的家族的独到之处在于制定策略,帮助他们控制两个系统的重叠部分,尽量减少任何一组价值观吞没另一组的可能性。

当危险信号出现，试图将家族和商业生活完全分开是许多人的第一反应。但正如否认家族的真实一面和人类行为特征一般，这种策略威胁着家族关系带来的商业优势：共享家族的愿景和价值观、对企业忠诚、有担当、在企业中的不吝啬分享、灵活性等。更有效的方法应该是制定策略，帮助识别和分析家族和商业之间发生的问题，用直接的方式来解决，并保证两个系统交织部分达到一定程度的平衡与和谐。这种平衡是允许企业在不扰乱家族和谐的情况下正常运转，而实现这一目标所采取的主要步骤如下：

- **商业运行专业化**。家族企业组织引入更多元的管理模式，并思考其企业发展目标，引入与战略计划相关的绩效监控系统。这是管理家族和业务系统重叠的一个重要步骤。它集中关注一些人力资源领域突出问题，剥离许多使人模糊和混淆、阻碍人们对企业实际运作清晰认识的情感因素。

- **积极主动提前准备**。在一系列问题铸成威胁之前采取行动。有两种有效的方法可以帮助家族预测和避免这些问题：第一种是制定书面的企业规章，反映家族与企业各自的价值观；第二种是定期组织家族活动，促进家族之间的沟通交流活动。

- **深思熟虑地去分配权力与资源**。在家族企业中，最重要的长期问题是权力和资源，包括谁现在拥有企业权力和内部资源；以及在保障未来商业可持续发展的前提之下，权力和资源如何能够转移到下一代。大多数情况下，这些关键问题的潜在后果，尚未被创始人与主要股东理解与重视。

- **有效地管理权力交接**。就像正常企业和行业发展生命周期一样，在家族企业中，管理权力交接所产生的一系列复杂问题是相当重要并且会影响企业未来生存发展。

引入公司所有权维度

图2-2描绘了潜在家族与企业的紧张关系影响着家族企业,但图2-3相互锁定的三圈模型则更精准巧妙地表现发展时间较长、传承到多代的家族企业情况。不单单只关注家族和企业,另一个维度——所有者与管理人之间的进一步区别,也有助于了解家族、企业、动态变化这三者形成了一个三圈概念模型。在这个模型中,3个维度互相独立,但子系统之间相互重叠、紧密联系,组成了家族、所有权和管理人(见图2-3)。理解家族企业中的所有权结构通常是理解其内部工作力量的基础。

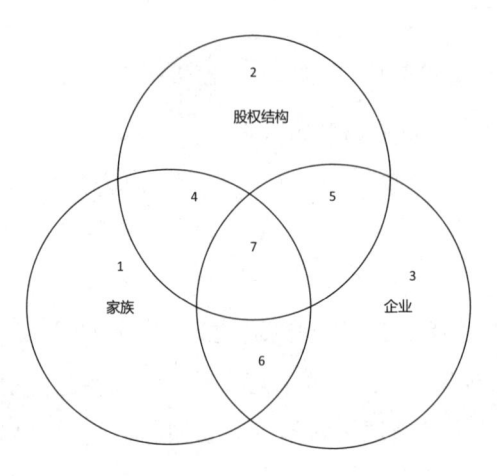

图 2-3 紧密联系的系统

参与家族企业的每个人都可以归为这3个圈所创造的7类身份之一(有且只有一个身份):

- 1—3:他们与企业只有单项联系——他们是家族成员,抑或企业所有者，抑或被企业所雇佣。

- 4：这是家族与所有者之间的重合处，代表这部分人是家族成员，同时他们拥有企业的股份，但不是企业雇员。
- 5：拥有企业股份，在企业工作，但不是家族成员。
- 6：指在企业工作的家族成员，但不拥有股份。
- 7：这3个圈共同重合之处，是企业所有权人，同时也是家族成员、雇员。

该模型有助于识别和阐明家族企业内部人员的不同视角和动机，以及人际冲突和角色困惑的潜在来源。例如，只拥有企业所有者身份的个体（图中标记为2的部分，即外部投资者），他们主要关注的是投资回报率和投资流动性；既是企业所有者也是企业经理的人（图中标记为5），有着与前者相同的担忧，除此之外又有关于自身利益的考量，如工作满意度和自主权。类似地，对于股利支付水平有强烈观点、参与家族企业管理但是不拥有股权的家族成员（图中标记为6），往往采取的措施不同于他们的亲戚们——那些拥有家族企业股权但并不在企业工作的人（图中标记为4）。前者可能希望尽可能削减派发股息从而提高企业的再投资率，与此同时也可以有助于他们未来职业的发展；后者可能希望企业增加派息来增加自己的收入，从而有更好的个人投资回报。

这种模式还探究了紧张和冲突的潜在根源，诸如谁应该领导企业，谁应该在企业里工作等问题，报酬应该如何分配，谁应该拥有家族企业的股份等。因为商业生活和家族生活是不同的文化领域，有着不同的行为模式，这些问题往往是为问题解决者带来情感困境。大多时候，家族诉诸短浅、失调的方法，来试图控制紧张局势，像一种典型的家族商业综合征，如：

- 拖延症：总是推迟讨论潜在的家族问题与矛盾；
- 选择性遗忘：选择忘记一些不符合自己观点的讨论和决定，但是清晰记得别人持有反对的观点；
- 禁忌：某些涉及家族团结、利益的话题不去讨论；
- 恐惧：担心如果把某些问题放到台面去讨论会引发不愉快的对抗；
- 区别对待：在管理与决策上背着或者排挤掉一些家族成员，股东或雇员进行所谓保密管理。

上述所有这些综合征都有相同点，那就是缺乏沟通，甚至在某些情况下，由于缺少甚至不沟通而产生误解。如第3章所讨论的那样，有效地管理由家族企业内部重叠系统引起的问题，需要在整个家族内部，以及整个家族企业内部进行透明化、公开化的沟通和决策。

图2-3中的家族企业三圈概念模型，虽然将家族企业内部人员进行分类，分门别类单独地识别其范围以及行动目标，但这是一个静态的模型，犹如静态快照。在现实中，这个模型的3个维度会不断地发生变化和发展，呈现流动的态势。所以接下来我们将讨论家族企业动态学独特性的最后一个方面。

家族企业生命周期：关于复杂性增长的故事

维护和延续家族企业的强烈愿望，是许多家族企业领袖为之奋斗的动力源泉，而不同的家族有不同的原因。有时候，家族企业领袖认为企业是家族价值观的守护者，因此，保护企业的基业长青，为的是保护家族价值观和传统得以延续。另一种理解，保持企业掌握在家族的手中，代代传承被认为是保护家族财富长期安全最有效的方法。有些家族领导人则是秉承对家族雇员的责任心，担心如果弃置企业，那些忠心耿耿为公司工作了许多年的员工的未来生计又将何去何从。

生命周期阶段

因此，代代相传往往是一个比通过出售它获得暂时财务收益更有影响力的企业决定与概念。但随着时间的流逝，家族企业往往会变得更加复杂，尤其是从一代人传到下一代。约翰·沃德第一次关注到这个问题，总体而言，家族企业的所有权变换有顺序性特征：首先是所有者管理，其次是兄弟姐妹合伙，最后发展为（堂）表亲联盟，而这三步也反映了家族企业的创立、成长、扩张和走向衰落。

所有者管理的企业

大多数家族企业开始于这种方式。在所有者管理的阶段，这种类型的企业受到了学术界和评论员的大量关注。在这个阶段，虽然个人通常拥有投票的控制权，并做出几乎所有关键的决策，但是企业治理并不是大问题。例如，董事会通常是一个形同虚设的实体，即使它存在，也主要是由家族成员组成，主要功能是对企业创始人做出的决定进行附和，而不是任何实质性、严肃的咨询工作。

为了使家族企业延续，企业所有者期望他的孩子们来接管生意。如果这些不是孩子们追求的，则需要邀请家族外部的人进入家族企业来管理（在第8章中我们会讨论这个决定的最佳解决方式）。假设下一代渴望加入企业，他们的加入又带来了一系列新的问题：他们在公司里担任什么角色？他们将得到多少报酬？如何评估他们的表现？他们加入将如何影响非家族员工的忠诚？他们是否有足够的商业能力来接管企业？未来的领导者应该如何从这些传承人中选择？企业股份又应该由谁来传承呢？

这些问题因为创始人作为父母和雇主的双重角色，以及他对放弃控制权的矛盾态度，还有其不可避免的生老病死，交织在一起使问题变得更加复杂。家族企业第一次意识到传承问题的重要性。

兄弟姐妹合作

假设经过成功协商后，第二代家族企业从单一的所有者控制形态，成长到兄弟姐妹合伙经营，共享企业管理的权力。这时候企业可能会有更多的所有者，有的来自父母一辈，有的是兄弟姐妹的孩子，但最终的所有权和影响力还是属于第二代兄弟姐妹们。在这一发展阶段，制定共享控制权的合理程序，以避免兄弟姐妹之间的过度竞争，对于家族企业而言是一个重要的挑战。

在这个阶段，定义非雇佣关系的企业所有者（图2-3中的"4"代表的群体），是很有帮助的。由于他们对业务的不同看法，以及由此产生的潜在摩擦，一种基于良好的沟通和清晰有效的治理结构的可行关系，需要在这些人和他们在企业工作的兄弟姐妹之间着力培养出来。

当他们考虑自己的继任问题时，他们必须面对一个创始人曾遇到过且必须要解决的类似问题，但规模要大得多。当第二代人来决定第三代人接管公司的时候，通常进入考察范围的会有更多的继任人选——这种问题往往会因第二代之间平均划分的股权所有，以及未解决的冲突而加剧。

（堂）表亲联盟

到第三代人继位的时候，企业已经发展为稳定的状态，可能会有几十个的家族成员拥有企业股份。他们来自不同的（堂）表亲派系，但是没有一方拥有绝对控制权。一些股份所有者可能在公司里任职，一些没有。不难想象，如果不去有效控制与管理这庞大的家族，潜在的分歧与混乱的行为将会发生，影响企业发展。世界各地都曾上演过类似的家族纷争桥段。

在20世纪90年代初，英国著名鞋类制造商与销售商、英国历史上最古老的独立家族企业之一——Clarks家族的家族股东与管理层之间爆发的矛盾得以平息，在很大程度上要感谢其家族委员会背后的努力，我们在第7章中将讨论其公司得以改善的始末。在这里，我们要强调的是它是怎样发生的。从1992年中期开始，由于沟通不通畅，家族股东的认知和抱负与公司管理层渐行渐远，这个家族的不和终于达到了顶点。

在20世纪五六十年代，Clarks成为得体、百搭、舒服鞋类品牌的代名词。尽管在其历史上，企业上市融资的想法曾被提出很多次，但该公司仍然保持着绝对的私有化与家族化，被越来越多的塞勒斯·克拉克和詹姆斯·克拉克的后裔所控制。塞勒斯·克拉克和詹姆斯·克拉克在19世纪20年代创办了这家公司。到1992年，第五代家族成员掌控着董事会，大约有1000名家族成员控制着公司70%的股权，公司10%的股权则由家族信托基金控制。

在20世纪80年代末，Clarks在内的整个英国的鞋类行业，因为廉价进口商品大幅度倾销而面临着越来越大的销售经营压力。税前利润的降低导致了公司大规模的股息削减。这激怒了许多没有参与日常管理而是依赖家族企业派系带来稳定收入的家族股东。除了股息收入的矛盾，另一个不断恶化的问题是，股东们要求套现手中的股票。基于此，公司建立了股东每6个月可以交易一次股票的程序，但这仍然是不够的。内部的争论渐演变成一场宏观的关于家族企业股东如何从股票中获利的广泛争论，不难想象，公司的潜在竞购者开始出现。

最后，经过一番通过新闻媒体声明进行的长时间的激烈辩论，1993年5月，股东们拒绝了出售该公司的收购要约，但拒绝出售公司的那派家族成员只有微弱的优势（拒绝出售与支持出售的比例分别为52.5%和47.5%）。激烈的争论一步步侵蚀着业务的独立存在。我们可以从Clarks这段纷乱时期得出显而易见的教训。因为家族股东在没有得到事先警告的情况下遭受损失，同时公司也没有适当地推进股权出售程序，所以家族股东十分气愤，而企业经理们也发现自己处于危险之中。顷刻之间，家族遗传的自豪感、稳定的家族企业文化都变了味，每个人都面临难以抗拒的压力。故事的最后，企业不得不出售也是意料之中的事情。

不像在同一个家庭中长大的兄弟姐妹，（堂）表亲们往往很少有共同之处，而且有些人甚至从来没有见过。家族前两代人在工作上有着天然的默契与强有力的连接，但是家族企业到了第四或第五代，这种联系就可能大大减弱。（堂）表亲联盟甚至比兄弟姐妹合作更需要对未来愿景以及企业发展方向达成共识。

许多家族企业发现，引入特殊的治理体系和机制来管理多样性的利益和需求是很有帮助的，这样每个人都有发言权。在建立共同可行的愿景之时，让没有入股且相信这个愿景的家族成员成为股东是一个有效的方法。这里没有普世原则。我们将会在第7章讨论适合不同家族企业独特需求的家族治理解决方案，以及多代家族企业治理的重要性。

最后，通过家族企业生命周期动力学和其日益增长的复杂性问题，我们可以更深入地了解转型过程中的因素。这个过程并不是简单直线型前进，有时甚至会出现倒退。

所有权的转换

并非所有由所有者管理的家族企业都是第一代企业。有一些家族企业将单一所有者模式循环利用，在传给下一代时，公司只会传递给一个所有者（通常是从父亲传到儿子）。这种独特的类型常见于农业企业中，家族往往不愿让土地在兄弟姐妹间分割。另一种情况，则是第三代收购其他小股东股权，一个或者一派表亲买下另一派的股权，并获得控制权。结果是公司恢复单一所有者管理模式，或者兄弟姐妹合伙经营模式。

重要的是，无论是由单一的所有者经营向兄弟姐妹合伙经营转变，还是从兄弟姐妹的合伙关系或是（堂）表亲联盟关系转变，其中涉及的不单单是人员流动变化，更重要的是制度和运作方式的变化。这相当于在引入不同商业结构的同时，引入不同的文化、决策方式、程序和基础规则。

新系统，新的文化

在第一代企业中，其企业文化是颂扬创始人的英雄成就，经历了所有的无常，从一无所有中建立了丰功伟业，并在逆境中继续引导它前行。相比之下，兄弟姐妹合伙关系或者（堂）表亲联盟关系，庆祝的是团队合作的成果，没有哪个单独的人会被视为英雄。因此，正所谓"甲之蜜糖，乙之砒霜"，在一个结构中起作用的文化范式，在另一种关系中往往不会起作用，甚至还有反作用。此外，我们很容易忽视这带来的另一个巨大挑战——下一代家族企业的领导者们不得不忘记他们从数十年的观察与实例中所学到的东西，尽管有大量的数据证明，他们所学到的东西是很有用的。

关于系统和文化变化的另一个观点是，它们不会在一夜之间发生。在大多数情况下，有一个过渡时期（如图2-4所示），在此期间，业务亦然在运行。这取决于几代人的年龄跨度，重叠的部分可以从1个月到2个月，甚至到20年。在过渡期间，处于混合状态，既不属于一个阵营，也不属于另一个阵营。这可能会让每个人都感到困惑和沮丧。

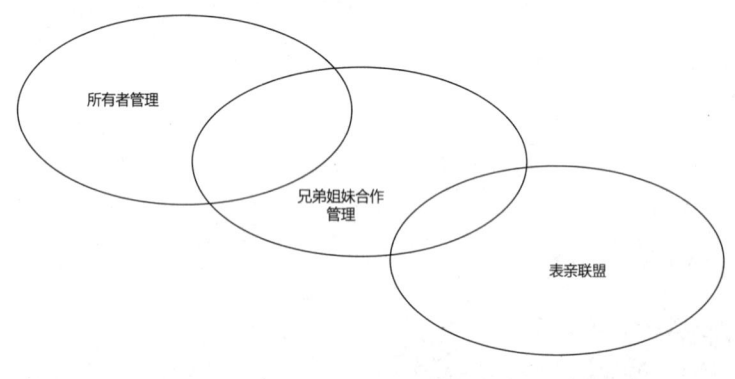

图 2-4 转化阶段

造成这种混乱的一个原因是，在过去系统中运用很好的工作方法、行为、策略，并不适用于即将到来的系统工作中。这就需要定义和保留过去工作中做得好，又适用于新工作系统的方式；忘记或"去学习"过去工作中做得好，但已经不适用于现在体系的事务；然后定义并掌握在旧场景中不曾使用，但现在在新场景中需要的技巧或手段。毫不意外的是，那些深陷权力传承旋涡的人，很难理解这些辩证想法。

需要认识到，在交接给第三代，或者是兄弟姐妹的合伙关系传递给（堂）表亲联盟时，需要变换的是体制而不仅仅是人员。这种变化尤其适用于第三代。兄弟姐妹们不能认为，他们促进企业成长的手段，也适用于他们的下一代（堂）表亲们。兄弟姐妹们通常会忘记自己与堂兄弟姐妹之间其实很少有共同点，他们其实是在一个有着不同价值观、不同系统、不同规则和方法的体系中行动的。在转换阶段中，兄弟姐妹也常常忽略了（堂）表亲带来的一些额外的复杂性，并且需要引入其他结构、形式和治理系统。

因此，不同的要素成就了家族企业所有权的发展三阶段：英雄主义与创业家精神共同影响的所有者管理，注重团队精神的兄弟姐妹合伙关系，以及重视有（堂）表亲联盟公司治理体系的系统。

FAMILY BUSINESSES
THE
ESSENTIALS

第 3 章

家族关系与企业：
建立战略远景和团队合作

家族通过整合个人和家族的价值观和目标，来建立一个共同的愿景，而这一愿景的形成将成为规划、决策和行动的指南。和许多其他家族商业问题息息相关的一个良好起点，就是考虑事情背后的目的。一旦家族成员对此达成一致，那么通常情况下，其他的一切将水到渠成。可以试着问家族成员们一个简单的问题："我们企业的目的是什么？"经常会产生来自不同家庭成员的各异回答：一些人可能认为这是孩子们未来的工作，一些人可能会把它看成是一个养老基金，或者是一个持久的家族遗产或者慈善基金等。在这些最基本的问题上达成共识，有助于家族为企业建立明确的规则和目标，以及界定家族成员的责任。这么做的目的是制定和采取相关政策，保持商业和家族最佳利益的平衡，设计和建立有效的治理结构，帮助家族发展内部凝聚力，找到家族企业火力集中的聚焦点。

阐明共享愿景和价值观

价值观是一个家族和它商业发展的立身之本；愿景是每个人共同的前进方向。愿景和价值观一同为家族企业提供了奋勇向前的力量和百折不挠的韧性，是家族寻求企业长期成功的核心。

创始人通常是愿景与价值观的来源。那份想要成功地延续家族企业的雄心壮志，往往代表着一股强大的力量，具有持久的影响力，激励着接手家族企业的家族后人们。事实上，家族企业有自己的企业个性，这种企业个性常常源于创始人的个性，或者随后的传承人，让人们感觉到企业里随处可见他们的身影。许多成功的家族企业将这些企业性格保留下来，将其转换成企业组织的价值观，通过保持家族持续的参与和联合，来处理转型和传承相关问题。

即使这样的企业由私有走向上市，家族的价值观仍然是公司文化不可分割的一部分。以龟甲万株式会社（Kikkoman）为例，它的起源可以追溯到17世纪，当时茂木家族（8个创始家族之一）在日本开始了酱油生产。公司信条阐明了许多家族的传统和价值观，部分基于佛教信仰和哲学。这些信条致力于在公司内营造一种和平、真诚、相互尊重和守纪律的理念。虽然创始家族的成员现在只拥有公司一小部分股权，但这一信条所承载的许多家族传统和习惯对公司产生了持续的影响，时至今日仍经常为管理层所用。

家族的价值观经常以非正式的方式展现，比如通过复杂的传统、奇闻逸事和不成文的行为准则等，但这种非正式性不会改变这些家族价值观对企业造成根深蒂固的影响。然而，这意味着需要一些工作和努力，来探索和定义个人和家族价值观的本质，以及它们所包含的内容。当然，价值观不应该也不能被虚构或者有意而为之去编造；同时这些价值观不是空谈，真正的价值观来自一个家族的真实经历和历史传统。

在研究家族共享价值观的时候，一个好的开始可以问家族成员一些开放性问题，如："我们家族最重要的优先级是……""我们的家族有责任确保……""当面对冲突的时候，我们……""我们的家族传统是……"在很多情况下这将引发家族内部一个严肃的辩论，并可能很难得到一个结论，需要保留意见，在以后家族会议上接着讨论。然而，对于家族来说，从一个脚踏实地的角度来对待这个探索过程是很重要的，并且要记住，核心价值观是家族团结的根基，也是家族的意义和商业计划的基础。

在家族企业中，不难发现价值观如此重要还有其他原因。本身作为生活的规则，家族价值观创造了一系列行为准则，构建并支持共享的愿景和价值观体系。价值观还鼓励在家族生活与家族企业中持续学习和相互信任，并作为一份"遗产"传承下去。如果有家族成员不践行家族核心价值观，那么他将离开家族企业，从而防止不可避免的冲突；然而，即使是一个不参与家族企业运作的远亲，也有可能通过其他方式相信并践行家族的价值观，致力于家族长期的发展。

现实生活中的家族价值观经常被归入"诚实并正直""关心和分享""尊重"和"团结"等主题，以及这些主题下面的原则声明：

- 诚实并正直——"我们将一直做到正直和公平""我们不

会根据财富或社会地位去判断一个人";

- 关爱和分享——"我们将把谋求家族和企业福祉放在个人利益之前""我们将共担挫折和成功";
- 尊重——"我们会对家族成员和员工表现出公平的尊重和理解";
- 团结——"我们将团结在一起,保护我们的家族不受伤害"。

随着时间的推移,这样的声明经常使得企业的界限超越普通的企业使命,成为一个跨界更广泛的家族企业行为准则,为家族在社区活动和慈善事业中扮演的角色提供指导原则。

许多家族企业通过价值观驱动的方法已经取得了竞争优势。例如,瑞典的阿克塞尔·约翰逊(Axel Johnson)在其网站上这样写着:

"我们门上的名字每天都在提醒我们作为家族企业的传统。安东尼娅·阿克塞尔·约翰逊是于1873年在斯德哥尔摩成立的横跨全球企业集团的第四代接班人,该集团创始人是她的曾祖父阿克塞尔·约翰逊。在她的领导下,公司为我们每个人提供了商业道德指导,这为我们公司赢得了130年的荣耀。"

为具象化介绍,我们拿下面这个涉足地产生意的制造公司举例。这家公司从一家银行借了一笔贷款,该笔贷款以该公司的某处地产做抵押。由于此时房地产市场低迷,贷款的金额超过了所担保的房地产投资组合的价值。管理团队提出了一项处置资产的计划,但是由于房地产市场疲软,卖掉房地产项目之后,资金短缺导致该银行将有约150万英镑的债务收不回来,必须作为坏账注销。这个集团的非家族董事总经理去面见家族成员,解释说:

"我们在这个地产项目上遭受严重损失,但银行方面表示他们可以负担得起那份损失。"让他们惊讶的是,家族的反应是:"对不起,我们的核心价值观之一是言出必行,请给银行写一张支票,偿还他们借给我们的全部金额,并告诉他们,我们会对债务负责到底。"这家银行也被吓了一跳,因为它已经把这笔钱注销了。后来该银行由于战略方向改变,决定出售旗下的一条业务线。结合此前与这家制造业企业的历史合作,它给了这家企业优先购买权。这个家族企业通过接手这条新业务线,不断发展壮大,成为一个伟大的商业帝国。

随着时间推移,家族规模不断扩大,市场和商业周期推进演变,重要的是,家族的愿景和价值观是定期进行调整。如果家族保持一种"按照我祖父建立公司时候的观念经营一切就很好"的状态,那么这可能预示着是时候需要改变,或者至少要进行反思了。如果价值观和工作态度保持静态,遵从着过时的习惯,长久以往家族很可能创造了一个与外界隔离的"真空带",如果放弃与时俱进,选择合适的价值观将家族与企业连接,失败的沟通和冲突很可能会发生。家族愿景与价值观的更新换代需要家族企业的每代人共同参与努力。

帕特里克·佩顿(Patrick Peyton),明尼苏达州的物流工业公司的非家族成员董事长兼首席执行官解释说,当他加入这个家族工作的时候,家族的价值观已深植于企业中,并对他的到手工资有直接影响:

"明尼苏达人有着令人难以置信的职业道德,这种强烈职业道德价值观也被写入公司的目标。十几年前我加入家族公司第一次讨论我的薪酬方案时,在我的年度激励计划里,25%的部分以家族成员的主观评价为依据，他们会判断我是否以一种能反映家族价值观的方式领导公司。比如，虽然一个决定可能从商业角度来说是正确的，但他们认为应该从员工的角度，或者从社会的角度去判断这个决定是否合适。在我的工作中融入这些家族价值观是很有趣的体验。"

一套稳定的价值观通常支撑着一种健康的组织文化。用伦敦商学院组织行为学教授奈杰尔·尼克尔森的话来说："企业能够拥有的唯一可持续的竞争优势是其文化。"对家族企业而言，文化可能很难精确地定义下来，但对于它的重要性和它的组成部分却有一致的看法，例如，它包含了理想的领导风格（独裁还是民主的领导风格），正确的决策结构（官僚等级式还是扁平个人式），家族在企业中的角色，注重保密还是秉承开放的氛围，以及公司的时间维度（关注过去还是未来、短期或者长期）。家族企业权威对家族企业文化有重大的影响，根据科琳·格思科和他的同事所描述的那样：

图 3-1　家族需要齐心协力创建共同价值观与愿景，帮助他们形成统一的商业处理原则

当有可行的方法传递公司的核心内涵时，公司文化可以传承很长时间没有重大变化；家族企业更是如此，因为家族企业也许是所有社会结构中跨代传承文化价值观和习俗最可靠的一种组织结构（图3-1）。

高效的商业家族

一项关于家族效能的研究强调，一个强大的共同愿景和共同价值观是许多成功、健康的家族得以独占鳌头的重要特征。一般来说，那些通常被称为"最优家族"的家庭，拥有处理个人选择和家族需求之间紧张关系的重要技巧，在个体自由和集体归属感之间找到平衡点。更具体地说，它们共同的品质可以总结为以下5个类别：

- **遵守承诺**。这体现在家族成员对家族团结、共享目标、关心彼此利益的努力上。家族成员被鼓励去追求他们的个人目标，但出于对家族的承诺，个体会谨防追求一些威胁到家族最大利益的追求。
- **欣赏和交流**。这项研究强调，强大的家族成员欣赏彼此的优秀品质，并以开放的心态分享和沟通。这些家族在成员之间建立清晰的界限和情感空间，在朝着共同的目标努力的同时，他们也接受了家族成员不同的选择，并对个人选择表示尊重。
- **珍视家族在一起的时间**。强大的家族在质量和数量上都享受着"家族在一起"的时间，不允许外界的压力把他们拉进各自单独的方式，同时也不压制个人的独立性。这通常会带来欢乐，包括定期的家庭聚会、家庭聚餐或定期一同参加宗教服务。

- **精神健康**。正如前文所强调，强大的家族共享一个统一的精神力量——由正直、诚实、忠诚以及其他高道德准则组成。无论这种精神力量是以组织信条还是口口相传的形式，家族都能通过信仰获得内生的能量与动力。
- **处理危机与压力**。强大的家族很擅长将问题沿着正确的方向处理，强化问题积极的一面，并将它们聚合在一起，在需要的时候寻求外部帮助。他们有能力自由沟通，尊重个人选择，有着强大的精神健康基础，能够解决彼此之间的冲突。

探索和记录个人和家族价值观有助于家族成员有归属感，以及共同的使命感，一个家族的核心价值观为有意义的家族计划提供了基础。在下一节中，我们将详细讲述强大家族的一些品质，尤其是坦诚沟通，是如何为他们与公司的关系做出贡献的。

成功计划的组成部分

家族可以通过规划未来、制定明确的治理政策来管理其与企业的关系，并明确家族成员各自的责任，从而极大地提高成功的概率。他们制订家族战略计划，通过统一的安排与方式来帮助家族实现自己的事业，而不是一群碰巧有血缘关系的人组成一盘散沙。当他们的目标和规则明确的时候，误解就大大减少了，而且如果这些规则是通过共识而不是通过制度、命令来达成的，那么家族成员就更有可能遵守。

规划对家族企业来说比其他的企业更复杂。除了商业战略，家族企业需要各种各样的规划，例如领导力和所有权传承计划、家族成员的财务计划，以及被约翰·沃德称作"家族可持续发展计划"的，"胶水一般把其他计划结合在一起的"核心价值观计划：

> 这是核心计划。它包含了家族的愿景，并定义了家族的使命。它回答了这样的问题："我们想在一起做什么？""我们将如何到达那里？""拥有一个共同的事业怎样可以帮助我们到达我们想要去的地方？"强大而有说服力的承诺会为家族的未来做准备，让松散的家族结构凝聚起来，为家族成员提供动力去完成最终目标。

建立开放的沟通方式

家族企业的成员通常认为，他们是用一种坦率的方式交流。实则非也。一个战略性的规划，对于减少误解的发生是十分必要的。

家族成员之间直接沟通的重要性无论怎么强调都不过分。成员间公开和频繁交流的能力是强大家族的标志之一，而事实上家族企业通常是被这样的家族所拥有的。

不幸的是，在家族企业中，高质量的沟通交流是少有的。英国商业领袖约翰·哈维·琼斯（John Harvey-Jones）参加一个名为《麻烦终结者》的电视真人秀节目，走访并为那些经常陷入困境的小企业提供咨询服务。

"在家族企业中，每个人都喜欢一起工作，每个人的贡献都得到了极大的尊重……但可能会因为缺乏坦诚而受到影响。爱和尊重的纽带如此强烈，人们总会因为害怕不小心伤害到别人而避免直接沟通，这反而会导致沟通效果不佳。"

　　约翰爵士的这些言论是基于真实家族企业的状况做出的，所以他的分析慎重而老练。事实上家族企业的人通常不喜欢讨论家族的问题和困难，他们觉得这很难谈论，更不用说分析出了什么问题，以及需要做些什么来确保问题不会影响到业务的有效运作。家族通常会有一些不成文的禁止讨论事项，因为这些会涉及各种可能引发的不愉快冲突，以及潜在敏感的家族问题。尽管许多家族矛盾只要尽早解决就可以，但是这种拒绝"打开天窗说亮话"的行为其实和"皇帝的新装"如出一辙。这也是为什么家族企业有严峻的生存问题、未解决的问题、未知的冲突，它们沉重到足以扼杀企业的成长。

　　此外，许多所有者所运用的保密式管理方式可能会进一步阻碍交流，这种保密渴望的起源很难被揭开———些所有者表示感到很内疚，因为与他们的员工相比，他们积累了不成比例的财富；另一些所有者这么做则是出于他们过度的控制欲，至少在某种程度上通过严格定量配给信息的方式，可以维持控制权。这种情况往往是企业所有者最受损害。这种情况下，所有者没有选择与其家人分享与家族有关的商业问题，并在解决这些问题上得到他们的支持，而是独自承担了这一重任，同时造成了谣言和投机氛围的潜滋暗长，公司上下弥漫着挫败和紧张的气氛。

　　家族成员可以通过一些方法提高他们的沟通技巧。具体的方法包括在发表言论观点前组织思想，选择倾听而不要急于判断，用释义来加强理解，向听众寻求反馈等。因为家族成员彼此都很了解，所以亲戚们特别喜欢依赖于非语言的暗示，比如身体语言；所以，用IMD商学院组织行为学教授让·卡瓦吉（Jean Kahwajy）的话来说，"说什么并不重要，但人们听到的是什么比较重要"。要特别注意避免彼此误解，诸如识别隐藏信息（没有把握住潜在问题），错误的归因（听到隐藏的信息），并把自己的想法和价值观投射到其他人身上，等等。记住，通信要"量体裁衣"，既适合于消息本身，也适用于接收方。也就是说，我们信息交流时需要用不同的方法，这种不同取决于信息接收方的特质。当然，考虑到时间和沟通的地点等因素，这种方法也往往会带来回报。

家族和企业的融合在最好的情况下是高要求而且复杂的，在最坏的情况下是不可能实现的。然而，如果家族成员可以学会交流和分享家族必须面对的重要问题，如果下一代有一个论坛，他们可以公开表达自己的意见，参与家族决策，那么家族企业有可能探索出有凝聚力的方法，来推动业务发展。为了达到这个目的，可以建立有组织的特定程序和正式框架，使得对话在这个框架组织中顺利进行。建立框架的过程是一个重要的步骤，参见下文"设计家族治理"相关内容。

创新和破坏性的冲突

拟定家族战略计划将涉及许多敏感和棘手的问题，尽管彼此朝着一个共识努力，有时仍然可能出现激烈的辩论。在这些矛盾产生的时刻，记住建设性冲突与毁灭性冲突的差别是十分重要的。建设性冲突是指不同的观点被接受和欣赏，分歧会带来积极的、创造性的结果；而破坏性冲突通常集中在关于个人身份关系和家族历史问题的争论上，而争论将是永无休止的。最高效的家族处理分歧的方法是关注管理差异的方法论，而不是处理冲突本身。

例如，许多家族都遇到过冲突。在建设性的冲突中，人们相互挑战，相互对抗。但他们仍倾听和尊重彼此。他们通常拥有互补的技巧，增添幽默，缓解紧张的气氛，重建家庭纽带。而当冲突变得具有破坏性时，没有人在认真倾听，思维没有发展起来，斗争成了主角，而非彼此合作和促进问题解决。

我们在"高效的商业家族"一节中可以看到，高效的商业家族经常朝着共同目标努力，同时表现出对个人选择的尊重和理解。其中一个重要的方面是，冲突并不一定被视为沟通的障碍。相反，让·卡瓦吉教授认为冲突是"对话的必要条件"：

> 人们不应该去期望不会发生冲突，而是要认识到，冲突是引发讨论的机制；它为对话提供了一个基础，提供了更新的理解的可能性，而这种交流可以归结为对知识和亲密关系的理解。交流与对话始于两个人持有自己的观点，而且保持倾听新想法的开放态度，并有可能让这些新想法更新他们原有的理解。富有成效的沟通仅仅需要双方都愿意参与，并努力实现相互理解就可以了。

家族计划的目标是达成共识，但是在字典中"共识"的定义并不比"协议"更有意义。在家族企业中，这一理念对于发展有效的沟通和团队合作，以及梳理家族共识并形成能够落地的家族计划非常重要。在宾夕法尼亚大学沃顿商学院任教期间，彼得·戴维斯采访了美国的公谊会宗教团体（US Quaker）的领袖，询问他们这些爱好和平运动的人什么是共识。公谊会领袖们的回答包括：

- 对组织思想统一地理解，而非少数服从多数的组织思想选择方式；
- 了解组织个人以及他们的特质；
- 用心倾听；
- 信任每个成员的贡献；
- 秉持一种开放的态度向那些可能更明智的人学习；
- 坚信那种"群体智慧高于个体智慧"的观点是肤浅的；
- 愿意进行自省，特别是当个人的观点和团队的观点之间有可能达成共识时。

建立家族团队合作

家族团队合作是促进家族企业成功发展、提高团队效率的另一个方式。哈佛商学院教授、家族企业管理项目参与人的艾米·埃德蒙森（Amy Edmondson）教授在近期一个英国家族企峰会上曾针对此方面进行强调阐述。

最大的挑战是在家族团队中，通常情况下有效的团队合作条件很难找到。例如，团队合作的理想条件包括目标明确、角色清晰，成员有互补的技能和经验等。但对于家族企业的家族成员来说，目标并不总是清楚的，成员有多个角色（比如既是管理者，又是所有者），这通常会导致角色混淆，而且家族成员拥有的技能和经验并不是通过刻意设计挑选组合得到的。

研究表明，当团队面临具有挑战性的情形时，即存在不同的观点、高度的风险和选择不确定性（比如当家族成员坐下来一起规划他们与企业的关系这种情形），如表3-1所示，他们的回答大多在这5个倾向性思维的模式类别中：

表3-1　倾向性思维模式

	问题	倾向性思维模式
1	如何成功处理这件事	通过让大家认同你的观点来赢得支持
2	如何赢	有力而自信地支持你的观点
3	团队中出现持有不同意见的队友	他们是竞争者
4	可以弥补你论点中不足部分的应对策略	隐藏这些不足论据
5	面对反对意见	认为这些反对意见很让人恼火

在典型的团队中，很多人有这些潜在的倾向性思维模式，结果就会使得团队成员十分沮丧，项目进展停滞不前。人们开始对团队和整个团队合作失去信心。

艾米·埃德蒙森提出了一种替代方案，即探索导向思维模式。团队成员独自或者合作，去探索其他的观点。团队共同的目标是到达最佳的解决方案，而不是含蓄地要求"使用我的解决方案"。下面是这种探索导向思维模式与前述的对比：

表3-2　探索导向思维模式

	问题	探索导向思维模式
1	如何成功处理这件事	提出你的观点作为众多观点之一；探索研究别人的观点；验证不同观点可行性
2	如何赢	团队一同合作研讨出最佳解决方案
3	团队中出现持有不同意见的队友	他们都是合作者

（续表）

	问题	探索导向思维模式
4	可以弥补你论点中不足部分的应对策略	展示出这些不足
5	面对反对意见	主动找寻不同观点并以开放心态欢迎不同；检验这些反对意见的潜在寓意

所以团队成员需要解释和探索他们自己和其他人的推理，包括他们所认为重要或者不重要的信息，他们对这些信息的诠释以及他们的结论。学术上的"倾向性与探索型"（advocacy and equiry）的思维模式，更直白的解释是"解释与询问"，或者"解释与探索"，以及一个额外的要素——"认同感"，共同支撑团队在面临挑战的情况下有效运作。一种平衡的涵盖解释、询问与认同的倾向性模式包括以下内容：

- **问询**：团队另一方的观点是什么
  - 他们注意到了什么？
  - 我没有注意到或者错过了什么？
- **认同感**：向团队其他人展示自己对于他们观点的理解
  - 对于听到的观点用自己的语言复述出来，讲出来所听所感
  - 与团队其他成员感同身受
- **倾向性**：表达出自己的观点是什么
  - 自己注意到了什么？
  - 团队其他人错过了什么？

这种强调的变化是艾米·埃德蒙森教授所说的"从'斩钉截铁'到'真正的好奇心'"的心理模式转变。家族会议召集大家

发表出不同意见的时候，当我们内心声音说"他们是错误的"（无论是执着地这样认为或者是故意扭曲事实等），我们必须把这种声音翻译为"我想知道为什么他们会有不同的观点""支撑这些观点的数据是什么""他们的推理是什么"。这让我们内心有动力去询问和了解真正发生的事情。真正的好奇心会引领我们在充满挑战的情况下进行有效的对话，带来更成功的家族团队合作，改善彼此关系，更好地计划和解决问题。

统一计划、过程和结构

规划的目的是制定和采纳相应企业政策，在企业的利益最大化和家族的福祉之间取得良好的平衡，然后以此为依据设计并建立有效的企业治理结构，以巩固这些企业管理制度。

企业管理制度应该涵盖家族企业的各个关键领域，比如家族企业内部关系（家族成员参与企业运作），企业所有权划分和企业的传承管理等。我在表3-3中列出了计划过程中可能值得考虑的因素，一些重要细节将在本书的其他地方详细讨论阐述。

表3-3 计划过程中值得考虑的因素

因素	所考虑问题
1. 这个生意的目的是什么？	• 为下一代提供工作机会？ • 家族财富的创造？ • 建立家族的传承？
2. 愿景与价值观	• 家族对于未来、家族成员以及家族生意的未来愿景是什么？ • 家族的核心价值观是什么？ • 家族的生意哲学是什么？

（续表）

因素	所考虑问题
3. 长期目标	• 企业的增长预期是什么？ • 家族对于企业的付出如何？ • 继续让家族掌管企业？ • 最终是否选择将企业售出？
4. 管理哲学	• 家族企业是结果导向的管理模式，还是独裁管理模式，还是根据特定发生状况而采取灵活管理模式，还是一切是服务于家族利益？ • 是以上的综合？还是有其他的综合管理模式？
5. 参与家族生意的家族成员	• 是家族成员希望参与家族生意？还是希望家族生意服务于自己？ • 对于家族成员，进入家族生意的门槛是什么？ • 姻亲是否可以参与家族生意运作？ • 家族成员的角色如何确定？ • 如何给家族成员定薪？ • 他们的表现该如何评价考核？ • 如果家族成员表现没有达标，怎么处理？ • 如何挑选与培训那些代表家族坐在董事会里面的董事？ • 家族成员什么时候退居二线？
6. 所有权	• 股东们将自己视为资产所有者，寻求资产最大化？还将自己视为是下一代家族成员股权的管理监护者（有时这些股票可能以信托形式进行打理）？ • 如果股票是一种投资形式，所有家族成员都知晓这个事实吗？以及如果股东想套现，是否有准备完善合理的退出投资渠道？ • 这些公司股票是否像是留给下一代的无法转让的信托资产一样？ • 如果是这样，其他家族成员是否知道？公司是否准备好以未来收入支配和信托股权来代替股权的资产状态？ • 公司的股权将留给谁？ • 哪些家族成员拥有投票权？ • 派系政策将如何设计？ • 在家族下一代之间，公司股权形式将是什么样的？ • 家族企业中工作的家族亲戚以及没有在家族企业任职的亲戚要差别对待吗？

（续表）

因素	所考虑问题
7. 管理传承问题	• 如何选择合适的企业传承者？ • 这种权力交接什么时候进行比较合理？ • 如果选择错误的话该采取什么补救措施？ • 管理者退居二线后期望值如何处理？ • 家族如何配合所有者实现管理权的交接？
8. 预警措施	• 如果企业所有者意外身故怎么办？ • 是否有预警措施来处理这种意外情况的发生，以及是否所有家族成员都知道这种措施？ • 这种意外对于家族企业的影响有多大？
9. 企业与家族的关系	• 家族成员彼此之间的责任如何定义？ • 家族成员之间如何达到观点一致？ • 如何营造出一种相互理解尊重、支持的氛围？ • 如何解决家族内部矛盾与差异？
10. 其他	• 随着家族的壮大，如何持续保证高效的交流沟通？ • 家族企业是否需要一个独立董事？如果需要，他们与家族的关系是什么？ • 家族如何保证雇员的忠诚？ • 家族企业有什么社会责任？

设计家族治理

定义宏观政策之后，应该紧接着规划行动，包括确定家族成员在家族企业中的角色，制订计划的实行时间表，并决定监督和评估的方式。这个过程需要透明的决策程序以及具体的公司治理指导，以避免家族成员之间产生不信任感，不配合规划工作。规划行动的下一步，是建立一个可以公开讨论的内部论坛，来建设性地管理家族。

这是一个复杂的领域。各种各样的概念，合作的结构和委员会，为家族不同利益和优先权量身定做问责机制。第6章我们将关注家族企业的董事会，第7章将关注家族跨代际的管理，以及堂亲们治理的企业。在这里，我们讨论的目的是介绍家族治理的基本思想原则和结构，简单地说，聚焦年轻的家族企业，为以后更进一步介绍做一个铺垫。

家族委员会

家族委员会的建立为家族企业提供了一个交流的平台，家族成员可以参与企业未来发展战略规划和决策，他们有机会（可能这是人生第一次）参加一些敏感议程的讨论，跳出那些规定他们所有权和公司参与度的陈规。

家族委员会考虑的主要问题将是公司战略，包括维护家族与企业共同愿景和价值观，建立家族成员之间强有力的纽带，重要业务决策，设置参与或者销售公司所有权股份的政策。即使家族成员不能同意每一个议题，但在这个过程中，他们至少有一个渠道去发声。这个程序过程的设计是关键，为家族提供一个结构化的机会去衡量和构建他们与公司的关系。这种方式也带给家族成员一些压力，鼓励他们直面情感问题，让他们意识到如果一些负面情绪不受控制，会损害整个家族生意。

一家长期盈利的服装零售公司是一个很好的例子。这家公司所有权由母亲和她的6个孩子控制。母亲拥有76%的股份，孩子们每人拥有4%的股份。其中一个儿子担任风格设计主管，负责公司零售店的设计和布局。他的工作风格是兄弟姐妹之间长期存在摩擦的原因。他早上11点来到办公室，工作1.5个小时左右，出去吃一顿很长时间的午餐，下午3点30分回来，继续在办公室待上1个小时，然后回家。但是他的兄弟姐妹们都是每周工作45小时。尽管设计主管的工作很出色，但是他却引起兄弟姐妹们的不爽甚至憎恨。其他兄弟姐妹也曾讨论过这个问题，但从未与这位风格设计主管讨论过。

在采访了所有相关人员之后，家族企业顾问很快发现了这已经发展成为一个严重的家族分歧问题，并认为这应该是刚成立的家族委员会第一次会议的第一个议题。当会议开始时，这位风格设计总管听到这项议题感到很意外，但他站起来说：

  首先我想要明确我的立场，方便在座各位理解。我很高兴在家族企业中工作，而且我认为我做得很好。我知道有些人因为我的工作时长不高兴，认为我似乎不怎么努力工作，但是对于我来说，我只在规定的时间里工作。我可以保证的是，我会竭尽所能做好我的工作。如果我没有达到你们设定的目标，请公司开除我；但如果我做得还可以，那么我想按照我自己的方式来工作。如果你们不能接受，我将离开公司为别人工作。这一切由你们决定。

事情的结果是这位总管赢得了兄弟姐妹的认可，并在家族委员会议上获得了一致的支持。因此，这个家族企业的问题得到了解决。而且工作实践中没有任何改变，即使要求改变工作方式是之前摩擦的根源。这一切归因为家族会议公开讨论之前没有说出来的不满。

这个案例涉及的另一个有趣的公司治理问题是，拥有76%股份的母亲毋庸置疑地控制了公司业务。因此，每人只拥有4%股份的孩子关于设立有效的家族委员会的想法破灭了。因为"最后还是妈妈决定一切"。在家族委员会第一次会议上，母亲被告知这一担忧，她向孩子们宣布，所有家族委员会的决定都是基于"一人一票"做出的。突然间，家族委员会成了对所有孩子都有意义的组织。

至于家族委员会的组成，有些人倾向于限制在那些积极参与家族企业活动的家族成员身上。然而事实恰好相反，除非理由非常有说服力，一般只有当家族委员会同时包括被动（不参与公司事务）和积极（参与公司事务）的家族成员时，委员会才是最有效的。所有的家族成员都与企业有一定的直接或者间接的利害关系，所以最好每个人都从一开始就完全参与这个共同目标，这是建立一个统一的、有凝聚力的家族企业的最好方法。这种规则的例外是，有时出现在家族委员会的代表来自不同的家族派系，这种情况一般会发生在建立了很长时间的家族企业中（见第7章）。在这种情况下，为了达成共识，通常可以通过限制只有关键成员才能加入家族委员会来提升共识达成的概率。

有时候，最好的商业决策对于拥有并经营它的家族来说是错误的。作为所有者，他们为企业设定的目标在仔细推敲后可能与既定的商业惯例相反。家族委员会是最适合讨论这些的组织机构。这些不同的目标可能包括：强化企业文化，反映家族价值观；为其他家族成员谋福利，例如为其他子女或配偶等提供机会；以及维护家族传统、社会地位或工艺。

总而言之，家族委员会的主要作用是它能为家族团结和达成共识做出贡献。家族委员会提供沟通的桥梁，将讨论从日常的家族事务和商业事务中分离出来，让家族成员能够专注于其他方面。所有的人际关系都容易让问题变得更复杂，同时难分对错。

家族委员会的建立就来纠正这种不平衡，并强调他们对彼此、对家族价值观和企业的承诺。

家族静修活动

家族委员会的一个极好的起点是为期一两天的静修。家族成员们聚集在一个安静的环境中，远离工作和家庭生活的喧嚣。这种非对抗性的平静氛围将帮助他们以建设性的方式讨论未来，以及家族战略计划中关键的问题（总结在表3-3里）。讨论的目的是得出明确的结论，甚至可以写在家族规章草案中。

静修成功几率大大提高的一个方法，是从家族与企业外部邀请一个公正（或者说中立）的人作为主持人。主持人主要起到促进作用，帮助家族用一种清楚而富有逻辑的方式讨论问题，引导家族成员寻求共识，并辅助他们做出决策和草拟结果。这一过程可能是痛苦的，但"梅花香自苦寒来"，这样的静修没有痛苦就没有收获。这种不适通常很快就会消失，尤其是当家族成员们发现了自由讨论所带来的释放感，之前敏感的问题也终于可以解决。

最后，一个明智的家族会议主持人将精确地记录会议所讨论和决定的一切。还有一个实际的问题，正如前文所提到的，选择性遗忘症在家族商业人士身上经常发生（关于家族企业咨询顾问的角色我们将在第5章中更详细地讨论）。

家族规章

对于家族来说，一个记录他们未来规划的很好方法，是一份书面的家族规章（有时也称为家族草案，或者家族信条），本质上这是阐述家族政策与商业之间关系的意向声明。对于业务规模较小的公司（比如只是由三四个家族成员组成），称之为"规章"可能有些许夸大，实际上对小微企业，这里的"家族规章"换言之就是"家族行动计划"，旨在制定企业管理政策，解决家族企业的基本问题。但更大规模的家族企业可以从详细的家族规章里受益匪浅，因为这些规章为未来许多年的发展奠定了基础。在这些情况下，家族规章是帮助确保长期所有权的强大工具（参见第7章，包括对法律可执行性的讨论）。

家族规章应该至少如同表3-3明文规定家族在处理现实事情的定位，表中所列出的实际问题，例如家族成员职位、管理工作的传承、所有权的共享等。但有些家族会借此机会，将他们的规章发展成一个内容更丰富的文档，记录家族共同的使命，例如除了与业务有关内容，也有家族的愿景和价值观，以及一些涉及道德和慈善的问题。

这种对最初目的的延伸往往需要反复检验。最开始需要寻找商业问题上的共识。一旦达成了这种共识，家族成员在商业问题上达成一致的能力反映了这样一个事实：在更深层次上，他们有共同的道德、精神信仰和价值观。这种认识加强了家族关系纽带，并且帮助他们草拟出家族规章，而这规章也会被认为是他们对家族企业的承诺和骄傲。

制定家族规章是很耗时的（通常是几个月，甚至更长时间）。如果希望这个过程顺利，每个人都要参与进来贡献力量。例如对于印度大型基础设施企业GMR集团来说，起草家族规章是一项辛苦的事情。格拉德·莫立卡君那·拉奥（Grandhi Mallikarjuna Rao）于1976年创立GMR，其最开始的业务范围是农业，之后扩展到制造业（主要是铁合金和糖的制造）和基础设施行业（包括发电、道路建设和机场项目）。拉奥的两个儿子和他的女婿也在公司里工作，每个人都是商业主席。在20世纪90年代末，拉奥做出了决定，采取必要措施促进业务专业化，并为家族人员的参与建立一个良好的基础。

在一个家族企业项目组织人的带领下，修订家族规章的过程经历了28次家族会议，耗时3年。一开始，拉奥家族决定了规章中需要覆盖的关键问题，并把其重要性进行排序。举行定期的家族会议（通常是在班加罗尔以外的地方举行静修会议），讨论和完善政策建议。这些会议还定义了家族对未来的期望，有助于明确关系，促进家族团结。这28次会议的结果是草拟出一部综合规章，包含了家族核心价值观、治理结构、行为准则、所有权政策，以及对于民事行为、政治问题和慈善问题的共识。

起草家族规章通常是一个"不成功便成仁"的过程。在很大程度上，议程清单中的重点是相互联系、相互依存的。不能在某些方面制定政策，而忽略其他方面。另一个关于制定家族规章的原则是，从完成起草到最后签字，应该留有6个月左右的时间将家族规章公示，让家族成员反思草拟的规章内容是否与他们的工作中得到的结论与体验相吻合。匆忙地签署规章，然后把它束之高阁是远远不够的：家族规章必须对日常商业生活有实际指导与引领意义。

当然，最后我们要说的是，每一版规章出台，不可能让所有家族成员满意。但至少这些规则是经过考虑与讨论的，并且最终清晰地记录了下来。家族可以避免因含糊不清而导致的混乱。之前讨论过的家族静修，应该是家族对话的开始，而不是终结。可以为家族会议设定时间表，至少每年举行一次，在会议上规章可以被重新审查，进行必要的修改。

在第7章中，我们将更详细地讨论，在复杂的多代家族企业中的家族规章与家族治理。

结论

本章关于家族战略规划制定过程的讨论是很重要的。每个家族企业都是不同的，没有正确或错误的答案，也没有普世的规则。相反，家族需要掌握并灵活运用一些指导原则与解决问题的技巧。保持敏感以及不斤斤计较的心态，对于参与过程的每个人都很重要，因为所有潜在的问题都涉及个人的目标、价值观和情感关系。

但是，不斤斤计较不等同于不参与，随波逐流。家族战略规划需要家族带头人，支持这一过程并激励其他家族成员。如果没有全方位付出和热情，这一过程将不会奏效。因此，一系列简单的、常规的家族会议远远不够。这是一个全面的计划，使家族能够实现4个宏观目标：

1. 建立家族成员之间公开、直接和频繁的沟通；
2. 开始解决潜在的或未被意识到的冲突；
3. 评估并组织家族与企业的关系；
4. 明确规划的结论，并将其写入家族规章中。

为了进入这一过程，家族需要遵守承诺，愿意坦率地与对方交谈，并努力解决这些由来已久的敏感问题。他们也应该为相当多的"不适"做好准备，这种阵痛是常见的，但回报也是可观的。那些成功地协商"雷区"问题的家族会有一种得到解放以及全新开始的感觉。从商业的角度来看，这样的家族已经迈出了重要的一步，来确保家族企业的成功以及子孙后代的生存。

FAMILY BUSINESSES
THE
ESSENTIALS

第 4 章

家族的下一代：
人力资源管理和领导力问题

家族企业世代交替，正如我们所看到的，并非一个简单而直接的过程。今天的这一代人是在商业文化中茁壮成长起来的，与早期扛起家族企业大旗的家族成员成长环境迥异。越来越多受过良好教育的、见多识广的、有独立精神的下一代加入家族企业，他们不愿意被视为"含着金汤匙出生"的法定传承人。此外，近年来家族企业越来越被视为"一次性商品"：企业从创立，到成长，最后走向被出售的结局，在这种环境中年轻人很难将延续家族企业作为一种神圣的使命。因此，我们需要对加入家族企业的有利因素与不利因素更加谨慎地权衡。

在这一章中，我们还将回顾家族企业系统理论。我们在第2章中看到，家族价值观和行为准则以情感因素为基础，而商业价值和行为则强调了结果导向。在家族企业的人力资源问题上，系统之间的冲突尤其尖锐，例如，从工作结果来说，尽管雇用一名外部人士可能要比家族成员更好，但企业还是选择雇用家族成员；如何不带感情色彩地对家族成员的工作表现进行公正判断；此外还有一系列类似的问题。我们将讨论这种由于系统冲突所引发的人力资源管理问题，并提出应对策略。

加入还是不加入

　　对于下一代而言，加入家族企业是一个独特的机会。它打造了一个富有挑战性的平台，同时拓宽了家族下一代的职业生涯。加入家族企业的优点是很明显的：首先，家族企业已经创立起来并且步入正轨，工作有很高的保障，可能还会有诱人的薪酬。在家族企业工作大多情况下是非常有意义的。这些企业通常拥有一种独特的氛围，人们会有一种归属感，这是共同的目标之外的附加承诺，同时他们延续了家族价值观、传统习惯和商业遗产。从个人角度来看，家族成员在公司内外都享有特殊的身份地位。而且，与在其他企业工作最大的不同是，有一天这些家族的下一代可能成为企业的所有者。

　　然而，要拥有这一切是需要付出代价的。家族企业一般很少进行跨国经营，所以无法像跨国公司那样可以在某些市场低迷时候顶住下行压力。长期来看，家族企业能否生存下去，是需要打一个问号的。如果家族成员寻找的是一种职业安全感，家族企业可能就不适合他们了。如果年轻的一代加入家族企业只是为了寻找避风港，或者因为他们没有考虑到家族商业生活背后的情感复杂性和所需要的付出，抑或因为他们被父母胁迫加入，那么在家族企业工作将可能是一个令人后悔的决定。

　　来自父母的压力可能是微妙而强大的；而决定是否参与家族企业的抉择，让家族年轻一代第一次感受到家族与商业两种价值观的冲撞以及进退两难。家族的下一代通常对自己的父母和大家族有很强的责任感，因为长辈们可能一生都奉献于家族企业的创立与运行。但与此同时，他们个人自然成长的过程却是寻求在世界上的独立发展。这些相互冲突的选择可能造成情感上的痛苦。研究表明，大多数商业家族并没有充分预料到下一代在家族责任与自身职业抱负中间保持平衡将面临的挑战。这样的结果是，年轻一代常常感到压力重重，无法解决这些问题。

下一代家族成员在决定是否进入家族企业工作之前，应该先认真地问自己一些问题：加入家族企业工作这一决定背后的原因是什么？企业提供的职业发展是我想要的吗？我能否不辜负家族上一代人的期望？我是否能够独立且自由地在职场发挥，还是会一直活在家族先辈们的阴影下？当我们每天都要紧密合作的时候，我该如何和家族长辈相处？我习惯了父母在家庭的角色，在工作场合父母却成了我的上司，他们会表现得不一样吗？我该如何面对（这个问题与那些和创始人合作的第二代家族成员息息相关）？我能和我的兄弟姐妹建立起工作关系，或者是彼此会有很多的争论和冲突？公司员工会尊重我吗？

当家族成员决定进入公司工作时，重要的是要确保这个任职在合理范围内，并且涵盖所有的标准，例如薪酬、合适的职位描述、绩效考核等。如果他们进入一家大型上市公司工作，尚且需要一份全面的服务合同，制定出雇佣条款，那么在加入家族企业的时候，家族成员没有理由降低自己的期望。事实上，因为未来可能出现的情感绑架，以及家族生意中拖延症与选择性遗忘，在家族成员入职时候明确地讨论雇佣条款十分重要。

新进入公司的家族下一代应该与家族长辈一起规划自己的职

业生涯，讨论长辈对公司的雄心壮志，以及他们如何看待公司未来的发展。如果下一代成员不确定该做什么，他们应该努力争取家族长辈的支持去尝试其他的选择。事先获得一些外部工作经验是一个好主意，或者先经历一段试用期。最好趁年轻一代一头扎进家族公司苦干多年，或者家族长辈花费诸多精力培训之前就进行这样的讨论与探索。请记住，创始人可能多年来一直寄希望于他们的后代加入公司，最终接管并继续他们的梦想。如果下一代家族成员认为家族企业真的不适合他们，最好在早期阶段就公开谈论这个问题，以缓和创始人的失望情绪，并提供给创始人更多的时间来规划其他的选择。总之，考虑如何最好地调整家族成员的期望是非常重要的。

图 4-1 如今的家族上一代很少指望下一代作为家族企业理所应当的接班人

有证据显示，如今的家族创业管理者很少指望下一代作为家族企业理所应当的接班人（图4-1），与此同时，家族也对公司长期发展有所考虑，因为家族下一代的成长环境促使他们无须证明自己的付出便能传承企业的股权。例如，如果创始人承诺最终给予下一代人部分股份，但前提条件是他们需要出资购买，这将有助家族下一代更加清醒地去权衡他们对企业的责任和加入家族企业的意愿。

外部经验的重要性

为家族企业提供咨询服务，很大程度上取决于公司的独特历史和特质，而普遍的真理其实不多。所以当极少数情况下"普世道理"确实出现了，这是非常值得强调的。其中一条关于家族企业的黄金法则是，家族下一代在进入家族企业之前，应该有充足的时间在"外部世界"工作，通过外部工作经验来证明自己。这么做是很有必要的。

自尊和自信

在家族温暖的庇佑之外成功地做一些事情，是帮助家族下一代获得对自己能力认可与信心的有效途径。如果下一代的决定是以后进入家族企业工作，这些经验将很有裨益，帮助家族下一代树立自己的招牌，并通过自我努力取得成功。如果他们选择后续在某个阶段离开家族公司，他们也会感到欣慰，因为他们已经证明自己有能力在这个世界上竞争生存，所拥有的不仅仅是与生俱来的尊贵姓氏。

这种外部体验不需要局限于在另一个组织中工作（尽管在外部组织工作经验有其他特殊优势，我们在后续章节将会讨论）。新一代也可以考虑获得综合的商业学历，例如报名参加商业学习课程。目前市面上并不缺少这样的课程，而且许多模块或项目是为家族企业所有者特别设计的。

更广泛的商业经验

了解其他公司的工作方式会为下一代家族成员职业发展带来好处。去那些比家族公司更大、更专业的公司是十分合适的选择，同时也不一定要在同一个行业。家族下一代毕业后直接到家族公司上班，更有可能使得家族公司内生性的封闭更加严重；而获得外部经验后加入则可能产生许多新的灵感，带回家族企业，帮助它变得更加开放和灵活。

可能学到的包括新的生产、营销方法，或者是管理以及战略规划技巧，都能够更快、更有效地促进家族企业变得更加专业化。在家族外部工作所学习到的管理技巧非常值得探讨。

关于管理能力的一个重要方面，是需要确保家族成员领导力的提升速度，至少与企业发展速度保持一致。下面我们介绍一个案例。一家成立了35年、年均营业收入600万美元的家族企业董事长意识到，他需要外部帮助与专业能力来发展壮大家族业务。所以他雇用了由非家族成员组成的专业管理团队参与公司管理。过去的10多年里，在专业管理团队的帮助下，该公司年收入达到了8亿美元。在此期间，担任公司董事长近30年的家族族长，以及年轻一代家族成员（在他们职业发展早期原本期待有一天可以担任公司的董事长）都见证了家族企业翻天覆地的变化。但是到目前发展阶段，大多时候家族成员仅担任非执行董事职位，成为公司的投资者而非管理者。事实上，家族生意的飞速壮大让家族成员只有观望的份儿。

在非家族员工中的声望

有时候企业所有者的子女一离开学校，就立刻走马上任家族企业的副总裁，这一举动可能引发非家族员工的嘲笑以及不满情绪。这种不满不仅针对个人，还针对整个家族。这种不满情绪持续高涨，可能导致关键的非家族成员经理人愤而离职，这样一来企业的生存岌岌可危。

如果一个家族成员在进入家族公司前，拥有一些外部工作经验，其声望就会提高。事实上，他们需要赢得员工的尊重而不是"躺赢"。当家族下一代进入公司的时候，员工们知道他们曾通过自己的努力离开家族企业，在另外一个组织工作，并获得第一手的工作经验，他们在家族企业的工作将更加容易开展一些。

出于某种原因，这个道理几乎所有人都同意，但很少有人在实操中利用这一建议。彼得·戴维斯讲述了当年他在沃顿商学院任教时候的一个有趣的故事。在每学年开始的时候，他都会向家族企业人士组成的本科班解释获得外部经验对他们根本上的重要性。在整个课程中，他强调了获得外部工作经验的重要性，并解释了本章所总结的这样做的优点。当学期结束时，他问："好吧，班上现在有25个学生，那你们之中有多少人会在进入家族企业工作之前尝试获得一些外部经验？"这时候往往会有3个人举手，然后彼得·戴维斯问："另外的22个人，你们没有听课吗？"班上没有举手的同学回答说："你不懂的，教授，我是一个特例。"

大多数人都觉得自己的处境很特殊，而且他们觉得毕业后直接进入家族公司工作有独特且重要的理由。如果下一代家族成员发现自己也是如此思考，那么这里的建议就是三思而为。

价值观系统重叠与雇佣问题

由于家族企业的模糊定位，家族与商业价值系统的重叠问题再次出现，而重叠的部分就成了危险的无人之地。我们在第2章中曾对这两种系统进行分析。分析结果显示，家族价值观与行为准则是基于对家族的关心和发展等情感因素；而商业价值观和行为准则强调了绩效和结果，并且最重要的是确保任务成功完成。

当涉及雇佣问题的时候，两个系统之间的冲突就显得尤为严重。例如，即使已经知道一个非家族成员可能做得更好，是否需要雇用家族成员；支付家族成员市场基准的工资，还是基于家族关系确定工资水平；以及如何评价家族员工的表现等。这一节我们将分析家族企业面临的突出问题，包括招聘、薪酬、考核等等，寻找并提出一些应对策略。

表4-1 家族与商业价值观系统对比

	家族价值观系统	商业价值观系统
招聘	给有需要的亲属（特别是你的子女）提供工作机会	只雇用那些可以胜任的人
培训	提供学习机会来满足个人发展需求	提供学习机会来满足组织发展需求
薪酬	● 根据公司政策而非业务发展来进行补贴的发放； ● 例如，根据需求或者平均主义	根据市场价值与工作表现分配工资或者福利

(续表)

	家族价值观系统	商业价值观系统
考核	● 不区分兄弟姐妹之间表现的差异； ● 将个人视为目的而非途径	● 根据工作表现区分员工之间的差异； ● 将个人视为途径而非目的

表4-1概述了涉及关键人力资源管理问题的时候，家族和商业价值体系之间的矛盾关系。这些问题我们会拎出来单独研究讨论，但这里要强调的是，家族和商业系统中的不同行为标准，或多或少是相互矛盾的。他们所创造的矛盾和冲突，交织组合成为家族企业。正如在这本书的其他地方也有类似的问题，这个问题很少有简单的解决办法。即使有解决方法，冲突的结构性本质对于家族成员的影响不会被降低（通常受影响最大的是家族企业创始人）。这些冲突带来的工作与心理压力会严重削弱企业创始人有效管理企业的能力。

招聘

根据家族不成文的原则，需要对家族成员和其他有需要的亲属提供无条件的帮助。因此通常不管能力高低或是否拥有专业知识，家族企业中的实权职位往往会预留给那些自认拥有权力进入家族的家族成员。通常我们也看到许多家族上一辈都期望他们的成年子女加入家族企业，奉献出自己全部职业生涯，即使这些家族下一代可能缺乏带领企业走向成功的才能或天赋，甚至两者都缺。

如果根据商业价值系统的管理标准，这样基于"天赋权力"或者说为家族成员提供避风港的招聘，无疑产生了不好的影响。商业价值系统的原则要求只有那些最称职的、最合适的才会被雇用。忽视这些硬性标准,而是根据他们的家族身份来雇用员工,这似乎不利于公司有效运作,最终危及它的生存。

然而这并不是非黑即白的问题。约翰·沃德认为目前对于家族企业中的裙带关系的评价可能"矫枉过正"。他认为,家族企业独立、集中的所有权形式,其实是家族企业独一无二的特征和比较优势。那种认为家族参与企业管理而带来潜在危险的想法已经是"过时的智慧",是值得商榷的。虽然不得不承认裙带关系造成诸多问题,约翰·沃德继续补充论证说:

> 在管理和治理方面,所有者的直接参与可以带来积极的效果。这种紧密的参与,使得家族企业得到集中控制,保证所有权和业务直接联系并相互了解。这种长期直接的相互联系,解决短期决策,并强化了长期主义与战略目标的结合。

事实上,家族传承人很可能从孩提时代便开始接受家族企业的教育,而且几乎是通过渗透式的方式去了解家族企业运行的方方面面。因为对家族企业的价值观和企业文化有着深刻的理解,家族下一代对家族企业有着特殊的热情。所有这些独特的见解和激情,都为家族接班人带来了重要附加值。沃德提醒要重新审视家族所有权和参与商业活动的价值,但是这种观点可能被过分夸大了,因为从一个无法胜任、低效能的家族成员,成长为成功的企业管理者,还需要走很长一段路。

由于各方普遍接受裙带关系的潜在不利影响,家族上一代成员必须做一个艰难决定——是否雇用一名家族成员。如果他们一心想建立一个属于自己家族的企业王朝,这一决定其实并不难。但是,如果他们更重视企业长期发展,那么可能不得不面对两难选择:要么雇用一个没有能力的家人,要么选择顶着家族成员的不满从外部雇用一个专业人士。

如何应对解决

这一类型的困境会发生在本节讨论的所有关于家族企业人力资源管理问题上。因此,在这里我们探寻应对这一问题的具有一般性的应对策略,来解决就业问题之外的整个家族企业雇佣问题。首先,让我们看一看如果不选择应对处理的话有怎样的后果。

不难想象,家族上一代人深陷于家族与商业两个价值系统之间的矛盾,如表4-1中所列出来的那样,这些矛盾强大而影响深远,上一代人解决这个资源管理的难题面临着严峻考验。一般来说,家族上一代人会选择下面两种策略中的一种,要么试图在这两种相互冲突力量之间找到妥协,要么在二者间任意摇摆。但妥协的方法往往会导致对企业不利的决策,而经常摇摆的"跷跷板"战略会产生不可预测的结果,对员工和家族成员来说都是充满困惑且令人不安的。这两种策略都有一个共同的缺陷:两者都没有明确的管理标准。

正如这一节的开篇所言,这些相互矛盾的压力交织构成家族企业。因此,相比那些难以实现的确切的解决方案,最具有建设性的方法是一开始就理解并管理这种冲突。减少冲突所产生的压力,从而提高管理层应对能力的第一步是去理解并接受它们是企业原生结构性问题而非个人问题。

其次，正如美国家族商业专家伊万·兰斯伯格所建议的那样，向其他家族成员和高级管理人员解释问题让其分担是很有帮助的（尽管要小心这么做可能让企业的管理层负担沉重的家族问题）。这样可以将困境的焦点从创始人转移到家族企业系统上，毕竟因为这是一个组织结构性的难题，让问题回归本质。以这种方式引入他人合作，能够促进问题解决进度，并定义和分离家族和商业问题，鼓励相关各方携手协作，迎难而上。

兰斯伯格继续提出，制定有效的管理办法的关键，在于处理深藏于管理和所有权分离的冲突，这包括：

我们可以从所有权和管理的两个截然不同的角度，来审视公司的家族成员。从所有权的角度看，所有规范家族关系的规范和原则服务于家族成员；从管理的角度来看，亲戚会受到公司规范与原则的影响。

在招聘环节，这种区分更加需要：

从商业的角度而言，公司招收的亲属只能是拥有工作技能的人，因此从管理的角度来说，当他们申请职位时，公司会给予这些亲属与其他普通应聘者相同的待遇。但是从家族的角度来看，当家族成员表示出对于企业有兴趣时，公司应该给予家族成员机会，使其获得家族企业原则上要求的技能。这种锻炼机会包括带薪在其他公司工作、正式的教育课程、公司培训等。这些培训所需要的资金是来自家族资产，而非公司。这样的话，家族成员将会依照家族原则被照料,且不会有违公司基本的管理准则。

对于决定"谁能"与"谁不能"加入公司的困惑可能会严重损害家族关系。就像家族企业生活的其他方面一样,在确定明确的标准和指导方针,判断商业原则适用的场合之前,需要做很多工作才能减少潜在冲突发生的可能性并促进家族企业人力资源的有效管理。家族在人事问题上商定的立场,为应该列入家族战略计划的那种政策声明提供了一个明确的例子(见第3章)。

鉴于这种对人力资源管理问题的建设性方法,让我们简要地研究一下它如何应用于表4-1中列出的其他实践中。

培训与发展

在家族原则之下,家族成员接受培训的目的是个人发展。然而商业规则之下,很少有人关注个体的全人型成长。商业组织更要求企业员工参加培训与学习,提高个人能力,来为组织做贡献。最有利于个人的特质与最有利于公司的不一定相互吻合。

此外,当创始人用公司的资源为他们的后代创造一个促进个人发展的机会时,可能会影响企业的经营发展。这些值得称赞的家族项目包括为家族下一代的培训课程付费,以及购买一家公司让下一代去经营。这种操作最好与促进家族商业目标无关,但最坏情形是它们水火不相容。

家族企业中管理权与所有权的分开,从管理的角度来看,对亲属的培训和发展应该立足于公司的需要,这一点很重要。如果一个家族成员的野心与公司的需求不一致,他必须在为家族公司工作和用家族资产去追求个人目标之间做一个抉择。换句话说，从所有权的角度来看，家族成员有权在家族企业之外用家族资产以实现他们在家族企业之外的职业目标。

报酬

在家族企业中，如何给这些亲戚报酬也往往会产生问题。在家族体系中，指导准则是家族财富应该根据需要或者透明公正的原则进行分配。例如，在兄弟姐妹的分配例子中，公平通常意味着资源平均分配；但在商业体系中，报酬应该基于个人对公司的贡献。

在家族企业中，关于工资的常见问题包括财政"胡萝卜"——将工资用于吸引家族成员为企业工作；另一个是对企业和个人资金的困惑，特别是这种薪金或补贴方式可以被看作一种从家族企业转移到家族的手段。支付家族员工报酬的动机往往会被混淆，导致人们对于向家族成员支付薪金感到困惑：这是作为工作回报，还是出于承认他们的家族地位或他们是公司所有者？另一个是关于薪酬补贴的困惑：如果家族成员觉得自己没有得到足够的报酬，那么公司就会用额外的补贴来弥补。

最重要的是，在世界上的许多文化中，家族成员通常觉得谈论金钱"不舒服"，尤其是个人工资水平。对于老一代的家族成员来说，当他们需要和他们的亲属（尤其是他们的孩子）谈论薪酬条款，"不舒服"这个词都无法恰当地描述这个过程所带来的压力。应该支付给家族亲属多少钱，通常与一些不明确的原则相结合，一些来自家族系统，一些来自商业系统，他们在公司中产生了一种紧张而低效的氛围。所以我们发现,有些公司给家族成员的工资要比市场水平高很多,但是更加普遍的情况是,给家族成员的薪水低于市场水平,这基于家族成员有义务为家族企业提供帮助。还有其他一些公司的支付原则是提供给家族成员相同的工资水平,不管他们的贡献多大。这样的结果可能是,那些能力不足的家族成员留在公司里,而那些有能力的家族成员离开了公司去其他公司挣高薪水。

解决报酬问题的方法是将管理和所有权分离,并且严格遵循商业原则去奖励亲属。如果需要,公司所有权赋予用来变相提高家族成员收入,同时又独立于他们在公司内部的角色。比如可以采用分红方式而不是更高的薪水去奖励家族成员。这种安排不仅仅承认企业所有者的特权,还在业务中保留了基于表现的奖励系统。

工作的市场价值

上文谈到对亲戚的奖励要严格基于商业原则,重要的是基于"市场水平"而不是"家族水平"去支付家族成员的薪水。但如何确定市场工资水平呢?我们可以将工作分解成不同部分,然后进行一项叫作"工资基准测试"的评估练习,调查在市场上相类似工作报酬是多少。在决定一份工作的市场价值时,要考虑的问题包括:该公司所经营的行业;公司的规模;类似岗位的薪水;手下管理多少人;个人对公司收入和收益的贡献;在这个城市的生活开销。这可能是一个冗长的分析过程,对于较小的公司来说,更实用的方法可能是明确一个职位具体的不同部分责任,在公司内部为每一部分工作责任建立一套比较方式。

尽管定量评估市场价值至关重要，但定性评估也经常被考虑，例如，领导能力，企业大使的潜质（一个经理被要求代表公司向外界展示），对全局的把握，对公司内部和外部合作的数量与能力的要求等。

无论最终选择的薪酬政策是什么，都应该清楚地进行阐明，这样便于家族成员与那些想加入的家族企业的人所理解。此外，还需要考虑是否设立薪酬委员会。委员会管理每个人的薪水有利于营造一种公司的薪酬制定流程是系统性、具有公平性的氛围，如果委员会成员中包括一些非执行董事，这种暗示将得到加强。

绩效考核与晋升

大多数员工想知道公司对他们的期望，以及对于正在做的任务的一些反馈意见。如果这些意见得到建设性实施，那么需要改善的地方可以得到提升，而原本就很好的地方可以得到加强。这符合商业人力评估的原则，即评价每个员工对于公司目标实现的贡献能力，但是这样做，说得婉转些，违背了家族原则。家族原则强调的是衡量每个人的家族价值。

因此，一点也不奇怪的是，年长的一代家族成员不得不面对必须评估其他亲属以及子女管理能力的任务，这使得他们承受严重的心理压力。他们很难根据家族和企业的要求和规范做出公正的评判。然而，我们不得不再重申一次，两种价值体系交叉所造成的影响，至少可以通过清晰地区分家族（所有权角度）和商业原则（企业管理角度），而进行最小化处理。这一分离意味着在该家族企业工作的家族成员必须像其他普通员工一样接受专业评估。现代管理技术强调自我评估的价值，个体相较于自己预定的业绩目标，来评价自己，并与雇主和同事讨论结果。这个过程还应该包括获取其他员工的意见（包括同事、上司和下属），以减少对于升职所带来的家族偏见，促进这种方式的客观性。最好通过匿名的方式去征询意见，例如定期、标准化的问卷，否则存在非家族成员的员工为不称职的家族成员做掩护。

在这本书的写作过程中，我走访了一家位于洛杉矶的医疗用品公司。该公司使用的问卷包括一项打分表，评分标准从1分到7分，涵盖每一个被评估的项目。1分代表远超期望，7分代表远低于预期。这家公司中，有两位第三代的家族成员担任部门经理，在整个公司里，人们都知道这两个部门经理的评估过程和其他人完全一样（而且因为他们是家族成员，评估他们的问卷是由非家族成员以及非执行主席来制定审核的）。他们的绩效评估标准包括是否为部门制定清晰的战略计划与目标，在公司内部上下，以及外部与公司的顾问和客户是否进行沟通，是否展示有效的决策和管理技巧，是否展示良好的财务管理技能。

如果一名家族成员希望担任家族企业的高级职位，他们的表现不仅应该与目前的工作相关，也要与目标工作的要求与标准相匹配。此外，想要在公司内部担任领导职务的家族成员，通常需要表现出对家族和所有权因素的处理能力。一个女儿在公司里可能是一个优秀的执行者，但是家族可能会合理地期待她能够有效地处理家族关系问题（在家族里面，外交是一项重要的技能），或者是复杂的财务计划问题（需要彻底赢得股东的信任，包括房地产规划、分红政策等）。

关于职位升迁的考核也应该采取类似的方法，可以交付给由家族和非家族成员组成的一个特别小组，这样两派都没有能力拥有绝对优势投票权。这种评价过程甚至可以扩展到主管级别的升迁问题。客观的评价和晋升政策带来了三大优势：客观评估而不是基于偏袒，家族和非家族雇员之间产生的竞争和嫉妒减少了，营造一个更加专业的管理环境。

在家族企业里面工作

下一代家族成员应该提前计划自己与商业相关的业务与教育培训。提早规划是很有帮助的，特别是咨询资深的上一代家族成员。一个结构清晰、旨在拓展家族成员的职业生涯规划的训练，有助于开发家族成员的天赋与管理能力。

这在很大程度上取决于企业的类型。但在手工制造和重复性的工作上，这种方式并不富有成效。工作应该代表着计划中所做的事情的进展和有意义的学习经验。除了学习一些具体的任务，对公司及其经营的行业有更广泛的认识是很有帮助的：公司在实现其核心目标方面做了哪些努力？它的主要优势和劣势是什么？主要竞争对手是谁？成为公司所处行业贸易组织的成员是很有用的，因为这样可以及时了解到最新的关于该行业和商业管理的动态。

其他关于业务工作的指导方针如下：

寻找导师

大多数人都愿意帮忙，如果有人向其寻求帮助。进一步来说，寻求非家族的管理人员担任导师，是一个很棒的想法。对于一个职级较高的经理，他在这家公司工作了很长时间，是公司的专家。利用这一职位来扮演导师和朋友的角色再合适不过，而且他们大多愿意与年轻的家族成员分享他们的专业知识，以促进后者的自我发展。并且他们拥有真正的兴趣和乐趣，看着他们的学生一步步走向成功。

对于加入家族企业的下一代来说，导师关系的重要性再怎么高估也不为过。之前我们提到过，家族父子关系中，知识通常不能有效地直线性流动，从前者传递到后者。作为父亲可以后退一步，试着问自己："我是教我孩子如何学会管理企业的最合适人选吗？如果是，我会愿意承担风险，让我们每一节课都变得很不和谐，并有可能危及我们之间的关系吗？"答案可能是肯定的，但是这样的风险之下，雇用其他一些人担任导师，将公司管理的技巧传授给子女，未尝不是一个更好的主意。这种导师关系可以在很大程度上摆脱家族关系中情感方面的影响，而且总是有价值的。

赢得员工的尊重

家族下一代成员初入公司，往往很难赢得公司中非家族员工的信任。员工们清楚地知道这个职位背后的故事，而且会怀着怀疑的态度密切关注着这件事。甚至一些人认为，他们的到来对于公司之前长期运行的方式是一种威胁，想要推翻他们。作为一个领导者，需要亲力亲为赢得别人的认可，而不是仅仅依靠自己被冠以的家族姓氏。

有一些外部工作经验将会有很大的帮助，但是仍然需要进一步证明自己。家族成员应该避免寻求特权，需要准备倾听别人的意见，表现出强烈的学习意愿，以及努力工作的热情。

约翰·提姆森是英国零售商John Timpson的董事长。他在1960年加入了这个公司,根据这么多年的工作经验,他提出了一些关于获得尊重的有趣观点:

> 父亲送我去见人事部主管的时候,我买了人生第一套西装。他长篇大论给我介绍了公司规定,并且和我说,我的起始工资是每周5.17英镑加一些补贴……我充满信心地迎接我的工作!但是依然有许多场颇为正式的面试。公司的老人们让你在既定轨道前行,但是他们会记录你做的每一件事、说的每一句话。特别是,他们会关注你是否聪明,早上是否能准时上班,观察你是否能与周围同事和谐相处。最大考验是你是否有能力与同事们打成一片,让周围同事直接忘了你是谁。在最开始的几年里,我被同龄人审核。是商场里的人来决定我在这家企业能走多远,并不是我的父母或者其他的董事经理。我处理很棘手的问题,但这也是家族对我的殷殷期盼。

谨慎行事

下一代将不可避免地为企业带来新的观点。他们的主要贡献之一可能是质疑传统操作程序和系统,认为企业像一个古板的庞然大物,需要进行专业化处理,"小心行事"很重要。下一代不为传统势力折腰的趋势有助公司未来的发展。但是,员工们很可能对改变系统的工作方式保持警惕,而且,往往会对这种"新官上任三把火"的方式进行抵制。学会倾听与学习,不要想着短时间内解决累积的问题，要有耐心，树立信誉，一步一步慢慢来。

警惕兄弟姐妹间的竞争

有时候家族成员的兄弟或姐妹也在公司工作。重要的是，一些适当的竞争是正常的而且必然会发生的，但是要努力避免这种竞争发展成为一种破坏性的力量。

这需要决心来管理兄弟姐妹之间的竞争，而不是被它所控制（见第2章），有时个人利益需要服从企业的最佳利益。一个好的办法是在行为准则上达成一致，共同认为哪些对企业的福利最重要，并且为解决分歧建立程序。

建立个人的身份

每个公司内部工作的人都知道新到岗的人是董事经理或者CEO的儿子或女儿，所以这些家族下一代必须付出额外的努力，建立自己独立的形象，做好准备，无论成败，都是自己负责到底。与上一代的家族成员讨论这个问题是一个好主意，让他们了解可能的困难，以及一视同仁地对待家族员工和企业非家族员工的必要。给予家族员工任何特权或者额外的好处，其实都是在强调其特殊地位。

良好的职业规划和个人发展计划，可以帮助下一代家族成员建立自己的领导风格，并逐渐承担起额外的管理责任。

与上一代家族成员的关系

家族上一代（尤其是家族企业创始人），和他们在企业工作的后代之间的冲突不应该被忽视。如果两人的性格、动机和期望都是和谐的，二者都享受一起度过的时光，他们有可能从一个令人瞩目的紧密又富有成效的商业生活中获益。但是在另一个极端的不相容的情形下，过度的冲突会使双方的工作变成一场噩梦。

大多数的父母似乎都无法解决这个冲突的问题。除了年龄的不同，他们可能看起来更加强硬，特别是当面对另一方提出同样有效的观点时。因此，很多时候寻找冲突解决方案的责任，落在了下一代人的肩上，需要用一种成熟而有耐心的方法，来处理生活态度和工作业务细节上的对立观点。同样要记住的是，上一辈离开权力中心后，随之而生的心理问题也可能会随着时间的推移而不断加强，因为他们会觉得失去权威、地位和自尊。

理解这些不同观点的存在和范围，有助于让下一代家族成员了解何时以及如何可能解决摩擦。同时，公司还应鼓励制定以耐心和外交为基础的战略，将冲突的可能性降到最低。

下一代在管理权转移过程中要做好全面准备，以及做一切有助于顺利过渡的事情。对于下一代理想的情况是，继任者渐渐承担起越来越多的责任，这样当时机到来时，领导力就自然而然产生，而非突然之间发生变化（在第8章中，我们还会从下一代的角度来探讨权力过渡的问题）。

FAMILY BUSINESSES
THE ESSENTIALS

第 5 章

**寻求协助：
如何利用外部资源**

当一家公司的规模变得越来越庞大，这家公司就需要加强结构性管理，并且减少企业集权程度。相比于非家族企业，这项任务对于家族企业而言更加艰巨，因为家族企业相对于非家族企业会更加依赖内部的经验与判断。

这种对于内部经验与判断的依赖可以通过利用外部智力的支持减轻，有3种方式：非家族成员经理人，非执行董事，家族企业咨询顾问。我们将在下面分别介绍。找这些外部帮助是一个艰难的决定，因为涉及企业文化改变的问题。但是对于公司而言，保持一种开放的心态有利于未来的发展。2005年，一项对主要家族企业的调查显示，当家族企业高管被问到影响企业统一性与团队精神最重要的因素，答案往往是来自外部的影响力（非执行董事或者职业咨询师）。家族企业通过保持开放心态，同时积极寻求外部的资源与帮助，不断成长，从而成功面对莫测的市场变幻。

非家族成员经理人

对非家族成员经理人，特别是职位较高的经理人，在家族企业工作挑战很大。我们在第2章提到过，有很多有能力的经理人辞职，往往是因为没有发展的机会，或者是因为公司内部的政治斗争，以及家族内部的暗潮涌动。但是如果一个经理人能够很好地处理这些，那么企业未来的发展也很可观。

与家族的关系

家族企业从外部招聘有能力的职业经理人是一个难题，而维护这份雇佣关系，以及有效激励他们更是难上加难。如果一个家族企业没有清晰的家族远景与价值观，以及没有与之相支撑的家族政策去定义家族与企业的关系，那么这些问题就更加严重了。有许多因素会使得非家族成员经理人无法有效地融入企业，以及授予公正的机会。"如果家族企业可以很好地被家族经营，那么为什么需要外来的经理人去管理？"这往往是第一个质疑。紧接着，在家族企业获得的薪水是否与其他企业一致？非家族成员经理人能否拥有股份或者一个更高的管理角色？是否会被家族成员过度管理？

一旦非家族成员经理人被聘用，一些家族企业所有者专制的管理风格将会限制有能力的经理人的发展。许多经理人担心他们的工作表现会受到家族的限制，并且担心如果家族所有者迟迟不计划的企业传承问题，那么所有者的子女可能无法很好地管理公司，最有可能的结果是公司将被出售。

职业经理人面临的一个困难是他们有时候不得不陷入家族成员三角矛盾，成为家庭成员矛盾的倾泻口，即使这些有违他们的本意。例如，董事长的儿子是市场总监，他对自己的父亲不满，因为两年前父亲曾经许诺会退休，但是至今仍没有表露出要让位的意愿。这个儿子没有选择开诚布公地与自己的父亲商谈，而是选择将这些不满告诉了财务总监，一名非家族成员，希望财务总监可以将这些不满透露给自己的父亲。但是更加糟糕的是，董事长往往会利用财务总监，使他再次成为"传声筒"，表达对于自己儿子信心与能力的怀疑。这种信使的角色反而产生副作用，同时浪费了高管宝贵的时间，干扰了非企业管理人员的工作效率。

另一种不安全感的来源是家族成员怀疑非家族成员经理人的忠诚度，这些可以通过是否让非家族成员经理人参与企业的关键组织规划看出。不像那些将家族企业作为终身事业的家族成员，非家族成员经理人拥有专业知识与技能，拥有自由转换工作的选择，而这也成为企业所有者的主要担忧。

非家族成员管理者在家族企业运行中可以享受一些显著的优势，比如在组织严密的团队工作中享受自由与随意，同所有者的亲密个人关系使他们感觉自己绝非庞大机构中的无名之辈，甚至有时候一个忠诚的管理者会被家族内化。一位受人尊敬的高级经理可以成为家族企业下一代的顾问和导师。如果家族中没有指定传承人来领导企业，高级经理可能被要求来接管公司。

我们以成立于20世纪40年代的一家专业制造公司来举例。这家公司是由一名手工天才名匠创立并经营，从管理程序到操作数据都由他一手操办。该公司在他的控制下取得了成功，尽管其中的管理模式带有一些"一言堂"的感觉。但是在20世纪70年代末，这位创始人在一次偶然的飞机失事中遇难，留下了在公司工作的两个儿子，与从未插手家族企业事务的两个女儿。他的两个儿子分别是四兄妹中年龄最大与最小的，但都没有做好接手家族企业的准备。创始人生前并没有制订传承计划，公司没有紧急处理方案来应对创始人的突然死亡。这时候，公司内部任命了一位新的董事经理——公司的总经理。这位总经理自公司创办以来就一直在这里工作，他成了公司两代人之间的"桥梁"（图5-1），与此同时两个儿子都继续在这家公司工作。最终，在一个被家族认为到了恢复管理控制的时机，这位总经理决定退休，接力棒交给了小儿子接任总经理，而长子则担任公司董事长。

图 5-1　有才华的外部人士可以为家族企业带来宝贵的技能，帮助他们成长，并成功应对变化

引入外部高管

因此，出于结构性的原因，家族有时候很需要非家族企业的管理者。可能是家族后继无人，也可能是临时过渡需要。此外，随着家族企业的发展与成熟，尤其是当企业发展到第三代时，家族企业往往会拥有自己独特的身份，这与创始人所给予的截然不

同。与此同时，因为有众多家族成员与家族生意产生种种联系，很难达成管理共识。这些因素的组合通常会产生对外部高管的需要，这是维持业务连续性的最佳方式。

引入非家族成员作为企业高管，可能会引发企业文化冲击与整合相关的问题。许多家族企业有一种强大的、已经定义的文化，难以被吸收改变。如果外来高管之前有过在家族企业的工作经验，他们可以怀着对家族企业的信任及商业敏感投身于家族企业的感情旋涡。

例如，一家主营休闲娱乐产业的家族企业由家族第三代的两个拥有互补技能的兄弟掌舵经营。弟弟热情洋溢，富有创业精神，并且善于交际；而哥哥则是在企业组织和管理方面有天赋。他们在一起配合得很好，业务也迅速扩张。直到有一天，弟弟突然去世了，所幸哥哥可以继续经营。但他不久之后很快意识到，尽管他可以维持生意，但他不是推动生意扩张的最合适的人选。因此他聘请了一位作风强硬、专注于业务的非家族成员来公司担任联席董事总经理，并提供了不菲的薪水和绩效奖金。那位家族大哥曾向这位新加入的高管谈及此项安排：

"我很乐意给你提供这份不菲的薪酬，并且我也很希望你能成功。欢迎来找我寻求建议与一些组织上的问题，但是其余时候你尽管放手去做，有我当你的后盾。"

这位新加入的高管的确取得了不小的成绩，但是他积极进取的态度却不被家族股东们认可。这位外来的高管并不在意，他来这里的目的是做事，他唯一所关心的家族成员是提供给他这份工作的那位幸存的哥哥。后来，家族股东对此表示反对（尽管只涉及该公司约35%的股份），而两位董事总经理利用杠杆进行高风险扩张战略无疑是火上浇油。最后,这些持不同意见的股东手中的股票被买走了,而这种高风险的商业策略也不断加强。在这个案例中,外来的非家族高管的性格和风险偏好都惹恼了一大批家族股东。如果在早期,外来的高管与家族股东就彼此的目标有更多沟通和协议的话,故事的结局会更加完满一些。

越来越多的家族企业已经发现,制定家族愿景和价值观(通常是公开的宣言)有助于吸引和留住顶级人才。帕特里克·佩顿在一家总部在美国明尼苏达州的快递公司工作,他虽然是非家族成员,但他担任董事长兼首席执行官。他说,在美国,这种情况越来越普遍,特别是当最近上市公司的问题越来越多时:

"高管们的想法如同钟摆一般摇摆着。过去的时候,大家都想要公司派发股票与绩效期权,而现在对公司价值观的重视正在回归。这种感觉是你属于一个家族,有一种安全感。这也让一些人选择从上市公司回到私人公司工作。"

一旦某个家族之外的高管被录用了,他的目标必须是创造一个没有冲突、家族和非家族雇员和谐工作、最大限度发挥每个人的才能的工作环境。现有的领导团队需要理解非家族高管对于工作能力和行为的要求。而这些高管也需要确认薪酬、事务决定、职业发展。高管们希望知道,他们在提升家族企业价值方面所做的努力和取得的成就将会带来他们应得的回报,包括薪酬,以及可能获得公司股权或准股权(见下文);在决策方面,他们需要确保不会受到不必要的家族干扰;在职业发展方面,公司的晋升政策应该基于绩效与业绩上的贡献,而不是基于这个人是否为家族成员。

另一个重要的方面是任命外部高管,这是向家族成员展示公司的改变与进程的重要方式，无论是对于在家族企业内工作的家族成员，还是渴望未来加入公司的家族成员。对于一些家族成员，他们会感到很失望；但对于另一部分人（可能更有能力的家族成员），会认为这样的任命对公司发展大有裨益，是一种外生式拓展和自我成长。

激励和奖赏

激励与动机之于非家族成员经理人，是家族企业发展的一个重要问题。企业内部必须对于员工的职业发展道路有明确的规划，对家族和非家族成员的奖赏和专业技能有可比较性。

正如我们所看到的，非家族高管担心他们工作的成效，以及他们是否会得到公平的机会。如果公司得到专业的管理，并且有明确的政策来定义家族在企业中的角色，这些问题可以得到很大程度缓解。这种家族与非家族的角色分明所带来的好处，之前在第4章已经详细介绍，例如关键职位不再只为家族成员提供，薪金和考评变得更加客观。事实上，总的结果通常使得家族企业更具有吸引力，吸引那些有能力的非家族高管加入。在这里，高管们可以有更多的机会接触全方位的决策，并且相较于上市公司，高官们的决策更能够影响公司的规章制度，而且执行速度也快很多。与此同时，他们也可以在这里享受到更多的个人成就感与满足感，也有相对更多的机会可以接触到企业所有者与另一些高层决策者。

一些核心的非家族高管有时不愿意留在家族企业，除非受到一些财务上面的奖励，例如期权与股票。当家族企业内部存在摩擦，或者一些家族成员获得公司内部的工作机会完全是因为个人身份而非能力时,一些非家族高管可能会感到不公平,认为自己才是公司的功臣,甚至在某些情形下,公司任何的成绩中都应该有他们一份。

往往企业的股权会被家族牢牢掌控在手中,这会使得企业变成涸辙之鲋。一个解决方法是让企业发行一些无表决权的股份,或者设置一些有严格转让限制的股份。另一个方法是建立长期的奖金奖赏机制,不涉及公司股权的同时又能够让员工在公司的未来发展中分到一杯羹。这些设计与方法将在下文详细阐述。

以下是一些家族企业的共同特征,这些家族企业充分得益于敬业和高度自我激励的非家族高管:

- 家族成员和非家族成员根据相同的价值、客观标准等要求被聘用和评估;
- 为非家族成员经理人提供可接受的职业发展机会,报酬基于公平的市场原则;
- 如果家族成员之间存在分歧或冲突,这些分歧不允许带到业务上;
- 企业传承计划已经拟好,并向非家族管理人员解释清楚;
- 在企业文化层面,非家族高管和所有员工在促进企业成功方面所扮演的重要角色都会被公开承认和褒奖。

激励机制的设计与执行

有许多策略和计划可以帮助创建家族企业的奖励机制。在选择最合适的激励策略时,有一个明确的目标是非常必要的:仔细地定义你计划达到的目标是什么。选择谁参与该计划,并选择与方案目标相匹配的衡量方式,也是设计过程中的重要阶段。

在这里我们不会赘述复杂的激励理论与方案设计，因为其有效性很大程度上取决于税收制度和其他复杂的法律规定，这些在不同的国家和地区有着不同的具体要求。然而在一般情况下，当制定激励机制的时候，必须考虑的是能否兑现。可以运用现金与非现金的奖赏方式（例如员工股权激励机制与其他方式的股权配置方式）。一些家族企业会集中给予在公司工作了特定时长的非家族高管一笔奖金，来表达对其贡献的感谢，比如，在公司效劳10年之后便能获得300万英镑。

家族企业高管的激励机制应该与公司所有者的目标和价值观相一致。特别之处在于，家族企业经营的时间段是很长的，然而，许多高管更多关注短期的目标与成效，比如英国上市公司CEO平均履职时长为4年，但是在家族企业CEO履职时长为15年。激励机制必须与企业的商业战略相关联，在以规避风险、长期稳健增长为主的保守型家族企业，其奖励计划与旨在短期到中期内取得显著成果的企业，有很大不同。例如，在以快速增长为目标的企业中，以较低的基本工资和大比重绩效奖金设置的激励杠杆是很有效的；然而，如果企业对长期稳定增长更感兴趣，则可以设置更高的固定工资和较低的绩效奖金。选择正确的绩效衡量标准，有助于高管采取正确的行为以支持家族的商业价值和战略，同时其激励计划得到回报的可能性也就越大。

关于激励应该以现金还是股票的方式交付，这个问题一直以来存在争议。一些家族企业允许扩大股东范围，只要能够吸引到高素质人才，但大多数倾向于将所有权限制在家族成员手中。一个很好的例子是已经传承到家族第五代的爱尔兰的马斯格雷夫集团。马斯格雷夫集团是一家食品和杂货经销公司，年均营业收入可达到44亿欧元。它成功的秘诀之一就是鼓励非家族成员参与公司管理。该公司于1876年在爱尔兰科克市成立,公司经营遍及爱尔兰、英国和西班牙。其核心战略是支持独立零售商发展成为这些市场中的执牛耳者。他们在新的家族章程中明确规定,为了激励公司员工和执行董事,可能会根据该集团的长期激励计划和利润向员工发行股票。事实上,家族持股的目标是保持75%的股权比例,剩余比例的股权由雇员信托金和前雇员持有。长期以来,该家族一直在通过股权分配以吸引外部人才,并将这个股权分配计划作为其长期增长战略的关键部分。他们已熟练掌握如何让专业人士在不受干扰的情况下管理业务,并传递分享他们成功的经验。在这种长期战略的影响下,一个明显特征就是目前已经没有全职的马斯格雷夫家族成员雇员,同时该集团董事会在数量上由非家族执行董事主导。

然而,如果家族想避免稀释其在企业中的股份,但关键经理人可能迫切要求分一杯羹,那么有多种可能性可以提供一些操作空间。非家族高管可以根据表现获得家族其他投资的股份,比如风投基金或者物业等(虽然这违背了激励应与受益人直接作用下的绩效挂钩的原则)。其他方法包括虚拟股票期权、限制性股票,或者提供与家族企业业绩直接挂钩的长期奖金等。

虚拟股票

虚拟股票类似股票期权,是一项绩效奖励计划。高管被赋予以当前价值购买虚拟股票的权利,并且可以根据计划规定在一段时间内执行这项期权。期权执行前提是满足预先设定的表现指标。当员工执行虚拟股票期权时被视为如同出售公司实际的股票，执行期权当日实际股票价格与员工获得期权当日价格之间的差值所产生的收益，就是员工获得的现金绩效。

比如在某家族企业中，一个关键的非家族成员经理人领导了该集团下属的一家子公司，尽管他很快会被调往另一个附属公司去。根据之前的股权奖励计划规定，他的虚拟股票价值的增长与他所负责经营的任何一家子公司都挂钩。相比于传统的股票，虚拟股票的处理将减少很多技术上的难题。

限制性股票

第二种案例是，让高管们拥有真正的股份，但他们并不拥有投票权，或限制抛售。例如，家族并不特别担心发行股票对于股票价值的稀释影响，但唯一担心的是失去对公司的控制。这种情形下，家族可以考虑为非家族管理人员提供无投票权或有限制的股票。这些股票与传统股票在其他方面都是一样的，除去它们在一般会议上没有投票权（或受限制）。大多数情形下，公司可能认为在公开上市的时候释放这些股票比较恰当，但仍需要请专业人士对不同员工期权计划下的税收影响做好统筹规划。

上述股权计划的一个问题是，当员工离职或者在他们退休时，公司可能会要求他将股票卖给员工信托（ESOTs）或者公司的股东。然而，这项举措让员工享有少数股东的权利，并且家族也不愿让企业承受这种风险。精心设计的股东协议可以巧妙减少这种情形的发生，其中包括制定规章制度确保大多数决定需要全部股东统一才能执行。

扩大范围的股票激励计划

大多数家族企业都认识到，如果他们想吸引到专业的经理人，就必须学会"放手"，以一种不受限制的形式放弃公司至少一部分股权。员工持股计划和员工信托能够达到这个目标。

有很多不同类型的雇员持股计划，如果读者感兴趣研究这个领域，可以查询以下几个特别的绩效计划：企业管理激励计划（EMI）、企业股票期权计划（CSOPs）、全员持股计划，包括工资转存储蓄（SAYE）与股票激励计划（SIPs）。

员工信托将管理层与雇员所持公司股票转移到一个特殊目的的信托基金，确保员工持股安全性与长期性。然而，员工信托的应用不仅仅局限于鼓励非家族成员经理人。例如，员工信托可以作为"友善的购买者"购买较为敏感的股权，比如从即将离职的家族成员手中收购股票。而另外一些家族企业可以利用员工信托作为家族"大清洗"的有效工具。员工信托可以将不作为的家族股东"扫地出门"，将股权交给有高度责任感的家族股东，勤劳的家族成员因此取代了"蛀虫"家族成员。

然而，员工信托也有其弊端。建立一个员工信托是相当复杂的过程，因为其中涉及很广泛的税法以及其他考量，所以，寻求专业建议是非常重要的。

非执行董事

非执行董事通常会带来新的经验与思路，以及独立客观性，而这些是家族成员与企业员工所缺乏的。

典型的非执行董事通常已经在大型企业工作过(例如上市公司),并且担任相对高级的职位,例如,部门主管及以上。他们一般不会承担全职的非执行董事工作,但是每年会参加6—12次董事会会议,利用他们的知识和经验来帮助一家小公司是比较吸引人的。

非执行董事的另一类合适人选,是那些曾经营自己公司,之后到某一个阶段将其出售的管理者和创业者。他们通常都是优秀的非执行董事,给家族企业带来一种创业进取的精神。

非执行董事可以在家族企业中做出巨大的贡献,包括客观地对商业战略进行经验指导,为家族企业的商业挑战提供一个无偏见的分析,调解(而不是决定)家族关于公司运行的任何分歧,减轻情感压力。一般而言,非执行董事可以提供专业知识,而这些专业技能可能无法从公司内部产生,以及带来为公司所用的关系网络,包括潜在的新业务、资本,处理行业和政府的关系,以及国际联系等。

另一个不那么明显的优点是非执行董事也可以作为催化剂,推动公司战略或重大目标的转变,这些可能都会完全超出企业内部高管的视野与想象(例如兼并重组、重塑企业高管结构,上市等)。其他角色包括地位的提供(为企业带来可持续性、较高可信度以及声誉),或者是通往世界的一扇窗(提供一些企业外部信息供家族股东与管理人参考),外部董事是家族股东与管理团队的桥梁,并且是董事长和其他董事的重要拥护者。

为了研究出一个专业的非执行董事究竟应该是什么样子,在这本书的研究过程中我采访了一位资深的非执行董事。他之前在PLC公司担任高级职位,退休之后加入了6家公司的董事会,其中两家是中等规模的家族企业。他解释了如何看待自己的角色：

"我在这个职位上解决问题的方法是，总是试着从事情中退后一步，问一些简单的、基本的问题：'我们为什么要这样做？''我们追求的是什么？''我们应该以另一种方式来做这件事吗？'在最初的日子里，我惊讶地发现，有些家族成员觉得这些问题暴露了我挑剔的态度。问题是这个家族倾向于关注事态发展，只是说'那就好了''董事会做得很出色'，但我清楚地知道，有时以这样的方式对公司未来做出重大决定是错误的。所以，我相信偶尔要给我的同事带来一些震撼。它并没有什么神奇之处，它只是一种常识。但关键是在家族企业里，事情很容易变得有点幽闭，几个基本问题通常能神奇地消除误会，引发讨论，帮助我们做出正确的决定。"

选择合适的人

正如前文所说，综合性格、才能、经验来决定最合适的人选是十分重要的。总的来说，理想中的非执行董事应该是聪明、有逻辑、有分析能力、诚实以及受人尊重的。他们应该时刻准备着亮出自己的观点与建设性意见。家族企业内人与人之间的关系很重要，需要家族企业内部与外部董事之间相互尊重与支持。

另一个重要的因素是非执行董事的技能、经验和气质必须与家族企业原有的互补。如果一个人的主要背景和家族企业是同一行业的，那可能是不合适的，因为其他行业的经验可能会给公司带来新的维度。例如，如果目标是加强企业的金融方面的专业支持，就请考虑那些有银行、私募基金或其他金融行业募资经验的人士。如果市场营销一直以来是公司发展的薄弱环节，那么那些有品牌创造经验的人会给公司带来极大的帮助。寻找合适的高管其实就是在寻求技能上面的平衡，为企业带来一些新的、有价值的经验。

一些董事会不愿招募退休人士担任非执行董事。虽然他们可能有时间和经验做出有价值的贡献，但如果他们离开商业生活一段时间，很容易失去联系。如果候选人最关心的是用董事费来补充养老金，他们可能不会表现出那种必要的超然、客观的视角。同样，聘请会计师或律师等专业顾问担任非执行董事，也可能因为客观性而受到质疑。

一旦确定了需要的董事类型，下一步就是找到这个合适的人选，而这并不那么容易。董事的法律责任（以及与潜在的对于公司的责任）很大，理想的候选人往往是忙碌且成功的人，他们不太可能被没有竞争力的薪酬所吸引。但是也有不少有能力的成功人士在寻找非执行董事的职务，因为这个职位是一个激励人心的挑战，能够使他们影响一家公司不断发展并走向成功。

现在有许多组织专门登记那些愿意接受非执行董事职位的人员。招聘顾问会为有这种需要的公司提供一个完整的候选人搜索和面试筛选服务；大型银行、私募基金、会计师和职业机构也有非执行董事合适人员的名单。人脉关系网是非执行董事候选人的另一大来源，但注意不要选择自己的密友，或者一些与家族有着紧密联系的人。在一些发展得很成熟的家族企业中，不活跃的股东有时会对选择非执行董事有严重的误解。因为他们的家族分支在日常企业运作中没有代表人，所以需要有"自己的"非执行董事来保障他们的利益。但是非执行董事和其他公司董事一样，有责任代表所有股东的利益，而不是只对某一个特定的集团或家族分支负责。

在招聘非执行董事时，也要避免选择那些与公司有业务往来的人选。因为他们可能没有公司所要求的客观性和独立性，但也不要低估非执行董事对家族企业运行理解的价值，这是一项非执行董事身上稀缺却有宝贵的特质。决定最合适的人选是很困难的，这通常需要寻求外部建议。

最后，要注意第一次选择非执行董事的过程是非常重要的，因为选择的水准与参与者的体验会为后续的选择奠定基础。

董事会行为

当任命非执行董事时，一个很好的管理方法是出台书面性的指导方针，来制定董事会应该如何发挥作用（详见第6章）。显然，这些规定会随着董事会的变化而不断发展，但这份指南有助于清晰地指出公司对非执行董事的期望，以及非执行董事职位设立的目的所在，从而帮助董事会候选人的招聘。董事会的角色和运营规则应在这份指南中进行定义，同时也应包括董事薪酬的信息。一旦招募到合适的非执行董事，非执行董事应该有一份雇佣合同，明确他们的角色和职责，以及他们有权所获得的信息范围，并制定清晰的报告和沟通渠道。作为董事会评估过程的一部分，他们的贡献应该被定期审查，这在很大程度上反映了董事会的工作效率。

与非执行董事的协议背后的动机一致，非执行董事所领取的薪酬应该代表他们预期贡献在公司事务上的时间，而不是与业绩挂钩。应付费用将取决于公司的规模、运营的性质以及董事会会议的频率等因素。

最后，在选择和任命非执行董事时，你应该把目标定得适当高一些。不要低估那些同意为你的公司服务的专业人士；将非执行董事的任期定为两或三年，提供续约的机会；给予非执行董事时间来解决问题，并让他们参与"敏感"领域，例如家族成员的评估和薪酬制定；不要让非执行董事受迫于任何风险投资机构，并把压力传递给你；不要让他们太过于投入家族企业事务，最后失去了"局外人"的特质；并且避免制定非执行董事所不知道的隐藏的议程。

家族企业咨询顾问

如果能够谨慎地选择外部的专业咨询顾问，就可以利用他们多元化的背景与能力、客观性，来帮助家族与企业。同时，他们也会促进家族企业的成长潜力与专业化进程。

专业咨询师是否与你"步调一致"

大多数情况下，家族企业最开始会选择聘用那些当地的专业咨询人士（例如律师、会计师和银行家），首选往往是一些规模不大的专业服务机构，成本在这个时候是要考虑的第一因素。但是很快家族企业就会需要更多种类的专业咨询服务，来满足公司的高速发展。

这样的非执行董事团队往往会工作得很好，直到家族企业业务逐渐扩大，并需要额外的专业知识以及更复杂多元的服务。比如，一些复杂交易需要税法咨询，或者公司需要开国外银行账户，获得业务合同上的法律意见或者计划收购另一家公司，以及当之前聘用的咨询公司可能不具有解决这些问题的能力。家族企业是一个重视"忠诚度"的地方，他们愿意支持那些早年一路支持自己发家的人，所以当公司发展到了需要更替咨询公司的阶段，家族企业可能会对此有迟疑。

周期性地测评与外部的咨询师之间的关系是一件极其重要的事情。即使没有一些紧急的事情需要他们处理，定期去拜访他们都是很好的方法。与他们保持沟通，让咨询师们了解公司的计划与发生了什么，同时，要留意咨询师本身是否保持中立，确保他们不会被上一代聘用他们的家族成员所控制。经常向咨询师提出一些开放性的问题，因为咨询师的存在价值不单单局限在日常公司琐碎的运作，如果只能着眼细枝末节，那么这也是一个需要更换咨询师的讯号。

专业咨询师

当公司内部没有相关的专业人才可以解决一些特定问题的时候，聘请专业咨询师来解决问题是明智之举。通常情况下，咨询师的聘请并不会增加公司的工资发放负担，一旦咨询师完成咨询任务，就会离开公司。如果这些成果有效的话，那么公司就可以长久地获益。

所以选择高质量的咨询师是关键第一步。在确定聘请之前，要检查咨询师的资质文件，并且与咨询师之前的客户就咨询师的业务水平沟通讨论。坚持咨询范围和具体费用等安排，预先以书面形式记录在案。和大多数事情一样，尤其是咨询师，你付出多少，就会得到相应的结果。一般的原则是寻求你公司所能负担得起的最好的咨询师。有一系列政府拨款可以帮助支付小公司的咨询费用，重要的是，企业可以利用政府提供的多种支持服务、相关领域的信息服务与建议。几乎在商业活动的各个方面，都存在优秀的专业咨询顾问。

家族企业顾问

一组职业顾问遇到了一家面临着企业传承问题的家族企业。这个家族企业的老板与第一任妻子生了一个儿子，之后离开了前妻，娶了他的秘书，又生了一个儿子。会议由公司的律师主持，他是一家大型法律事务所的家族部门负责人，也就是说，他与家族一起工作。律师提交了解决公司传承问题的解决方案，即与企业所有者合作，建立信托公司来处理未来的业务所有权问题，这是一种依靠技术的解决方案。但是，一个家族企业顾问不会以这种方式来解决这个问题，他会看到这些事实可能预示着一个情感雷区。作为第一步，咨询师会建议所有的家族成员都参与寻找和确立解决方案的过程。从技术层面上讲，公司可能是这个咨询案件的客户，但家族企业咨询师会建议，让每一个家族成员以及公司业务中的关键人物都在这个过程中有发言权。这个案例说明了为什么家族企业咨询师需要一个独特的视角来解决问题。

在选择家族企业顾问时，除了检查其业务记录和相关参考资料，对于候选咨询师是否具备在该领域出类拔萃的特殊素质和能力，也应给予额外的考虑。也许3个最重要的技能是沟通技巧、建立信任和推动事件发展的能力。在沟通方面，讨论家族的优点和缺点是敏感话题，可能会让家族成员感到不适，因此，掌握沟通技巧是非常重要的，这样就能让顾问对正在说的内容进一步理解：关键在于成为一个成熟的倾听者。建立信任的能力由此而来。顾问必须尽快与家族建立信任关系，而家族必须在早期就了解到，顾问代表企业和家族二者的整体利益，而非为了某个特定的个人或群体去牺牲其他人的利益。咨询师最后的技巧——推动作用——在这里值得单独简短地介绍它。

推动者

家族企业的顾问必须能够以一种微妙而敏感的方式来探究这些困难的问题，尽可能地减少摩擦和冲突。认真倾听是基础，最好的家族企业顾问需要听得懂家族成员所讲的内容——通常更重要的是他们没有说的"弦外之音"，并能够掌握沟通过程中的深意。

在第3章探讨了关于家族与企业之间关系的战略规划及其重要性，以及在这个规划中家族成员各自的责任。一个有经验的家族企业顾问通常在这个战略规划阶段扮演着重要的角色，特别是当家族委员会见面商讨这项计划的时候。

对于家族委员会的会议，一个很好的开端是为期一天或者两天的静修会议，家族亲戚们远离日常工作与公司事务，来到一个安静的世外桃源。这样的一种没有对抗性的氛围有助于家族成员建设性地去讨论家族企业未来的发展，并且所有的企业策略问题将提上日程。在静修过程中，组织者通常负责制定会议议程，组织家族会议或者调解会议氛围，并且确保此行氛围足够包容，能够使得每个人可以畅所欲言。会议的组织者需要提前约见所有的家族成员，并且确定敏感性问题——那些必须面对的情感上面的"雷区"。如果条件允许，组织者也应该约见一些企业"外部相关人员"——与家族相关的会计师、银行家或者律师，他们与家族共事多年，而且能够发表公正且有一定依据的观点。

影响与家族成员提前约见（这里指一对一的见面）的关键因素，是营造一种氛围使得人们觉得他们可以坦诚地、开放地谈论一些重要的话题，特别是那些禁忌问题，如果没有强调与解决会引起诸多麻烦。这些会议还有助于确保家族聚会讨论的内容有的放矢。专业顾问所起到的推动作用，并不是为了解决家族问题；事实上，不应该理所当然地认定他知道所有问题的答案；相反，一个公正的家族会议推动者的目标是帮助家族以一种明智的、合乎逻辑的方式来解决问题，引导家族成员意见走向统一，以书面的形式记载家族达成共识的决定，例如家族规章或者行动计划。

家族企业顾问的其他作用

领导力以及高管的辅导培训是家族企业顾问的增长领域，同样，家族财富的分配、房地产的管理、慈善事业，以及其他的家族共享资产也是家族企业顾问主要涉及的领域。有时候，家族企业顾问也会帮助解决家族内部的矛盾与纷争，例如，帮助建立家族成员评价体系和公平的奖赏准则。相似地，股权的所有以及传承计划，家族成员在处理的时候通常容易掺入自己私人情感，专业人士可以在两方面都提供帮助。

最后，家族可以聘请专家来帮助传承问题，或改变组织结构以确保企业的连续性，如第8章所述。传承是家族企业延续的一个主要障碍。我们不能假定围绕这件事的问题会自行解决，或者这些问题很容易处理。

谨慎处理利益冲突

在任命家族企业的顾问时，至关重要的一点是，双方都提前意识到利益冲突的可能性。应该在一开始就仔细地定义，详细说明顾问的行为，顾问所肩负的责任之性质和范围，以及顾问对谁负责任。

但问题并不局限于新任命的家族顾问身上。随着时间的推移，公司正式的职位和顾问角色之间的界限变得模糊，导致利益冲突。例如，一位家族企业的税务顾问已经为这家企业工作了很多年。很自然地，他们与公司的员工以及股东建立了密切的关系。当咨询顾问被多数股东问及个人税务建议时，职业关系和责任之间的正式界限可能会变得模糊，而利益冲突（与少数股东的利益可能会受到税收建议的影响）很容易发生。

影响顾问的利益冲突尤其麻烦，因为它们大多不太明显，是从第一天开始就存在的黑白场景。相反，它们会以各种深浅不同的"灰色"出现，要么在数年时间里逐渐地出现，要么突然被一个无法预见的事件所触发。面临这种困境的顾问应该保持独立性、完整性和距离，以便他们能够保持客观性；而家族企业客户应该尽量不要向咨询师提出超过预先设定的职责范围的问题。这两个准则都是说起来容易，但是行动起来不易。

当顾问被指定为家族企业的解决方案的受托人时，就会产生更大的冲突。如第9章所述，信托基金大量出现，因为它们可以为一系列家族企业问题提供灵活的解决方案。一些少数股权通常是为了下一代三四个孩子的利益而被持有。这些受益人的利益可能与公司董事的利益完全不同，而他们的顾问每天都在代理董事们的工作。在这种情况下，冲突很容易产生，因为顾问们发现他们只是为了一代人或者少数的一方服务。

顾问与企业关系的巩固

正如我们所见，家族企业公司与家族企业顾问之间的关系，通常是从顾问与公司董事或所有者之间的密切关系发展而来。顾问知晓并与公司的其他董事、企业所有者合作，并正式为企业提供服务，但最初的联系仍然是最强的，并有效地巩固了顾问与公司之间的关系。

在这种情况下可能发生利益冲突。该顾问可能会被企业的其他人认为是与该公司的所有者或董事同一战线。家族企业的所有者或者董事们应该试图避免这样的暗流，那才有助于顾问发挥特长和企业发展。更重要的是，在这种情况下，家族企业顾问必须严格持有不妥协的立场。如果他们的中立态度有可能被这些复杂关系影响到，顾问们应该远离他们被要求扮演的特定顾问角色，并安排另外一个与该家族企业没有任何历史联系的同事代替自己。家族企业问题通常是复杂的，而且总是敏感的。简单地说，如果家族企业顾问被一个特定的家族分支，或某一代家族成员所影响，不能够全心全意保持公正客观的话，那么他们所提供的解决方案几乎肯定是有缺陷的。

FAMILY BUSINESSES
THE ESSENTIALS

第 6 章

**专业的董事会:
建立一个平衡的董事会**

建立一个强有力的、包含非家族企业成员的独立董事是支撑家族企业基业长青的最好保障之一。这样的董事会更为客观，无论在企业运行还是章程制定方面，并且强调纪律与准则。家族企业计划建立一个背景多元化的董事会，就是它向外界的顾客、投资人与消费者发出的积极的信号。广义来说，越是成熟的家族企业，越能够在家族企业所有者与管理者二者身份中寻找到平衡点。没有单一的模型适用于所有公司，但必须制定一套坚实的准则与程序，能够运用在每个公司独一无二的情境中。

印章董事会

来自外部的有能力又相对平衡的董事会，能够在很大程度上帮助到企业。这种观点却很难为家族企业创始人或者企业的CEO所接受。许多公司的创始人、公司主席或者高管都发现与"外来"的董事会成员无法融合：他们更多时候倾向于按照自己的方式去运营公司。所以当"外来"的董事会成员介入，公司治理朝着更加可靠的方向前进的时候，企业所有者或者家族主席往往会觉得不适，认为威胁到了家族的文化。

研究指出，家族私有的公司董事会主席大多时候是由家族成员构成，而董事会的活动也局限在最小范围以满足法定要求。这些董事会就如印章一样，很少发挥出董事会可以行使的严肃管理职能或权力。

实际上，董事会被视为家族的财产，而建议外部董事增加价值，往往被认为是暗示家族没有能力管理自己的事务（图6-1）。"我们创立并让企业步入正轨，我是控股股东，我能够决定一切，这些外来的人对这家企业有什么贡献？"最后一点是这一切的核心，董事经理可能会对建立一个组成结构合理的董事会持有消极态度，他们担心建立一个结构合理的董事会对于他们自身的权威是一种挑战。

另一个问题是，一些成立时间比较长的家族企业已经做了一些改变，引入独立董事加强他们的董事会建设。很多时候，他们会选择引入与家族董事经理人数一致的非家族成员去董事会，这样董事会主席总会可以拥有决定性的一票，在必要的时候站在家族一边。

大多数家族企业存在一个误解，那就是只有那些大型的上市公司才应该拥有完整的独立董事机制。家族企业的所有者经常在一种非正式又很私密的氛围中处理事务，分享企业机密以及家族事务往往会让他们觉得不舒服。但隐私这一点往往被夸大了，因为董事当然有保护机密信息的受托责任，而且无论如何，筛选过程应该意味着家庭成员只选择值得信任的候选人。然而，如果要获得一个平衡良好的董事会，就必须有一个权衡。总体而言，对于家族企业的董事总经理来说，并不是这么做的代价有多大，而是他们可能没有体会到这种结构平衡的董事会所带来的好处。

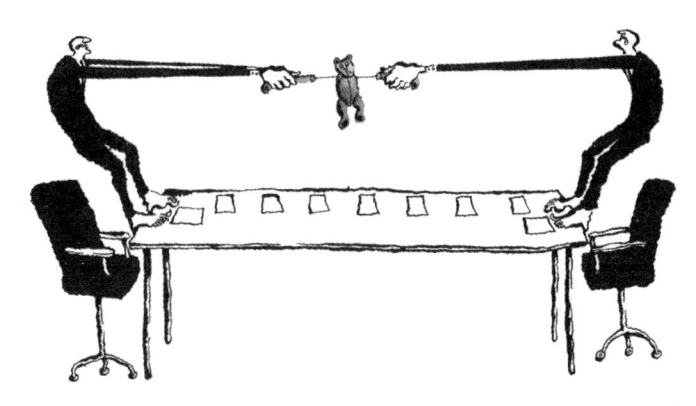

图 6-1 如果董事会被视为家族的专属领地，错误的信息可能会传递给客户、股东和员工

推动企业传承

家族企业的长期成功几乎取决于发展一种有责任感的集体精神，以及建立一个包括有能力的外部人士的董事会。但并非所有的企业都能从这个过程中收益。要考虑以下问题：

1. 董事经理与股东是否致力于为公司创造价值；

2. 这是一个成熟的、不断成长的公司，还是一个独裁的公司；

3. 企业是否足够大，这样股东与运营上面的问题可以区分明确；

4. 企业是否有足够的资源去妥善利用一个组织良好、有活力的董事会给出的建议与决定。

第一个问题是最为关键的。只有当董事经理或者公司所有人有足够的信心去接受一定程度的权力削减和对企业控制力的削减，并同意自身的管理身份被"外人"监督与评估，董事会才可以实现自身存在的价值与意义。董事会的存在，将会不断削减运营中的灰色地带，增加决策的透明度。

家族董事经理与董事会之间的关系是十分微妙的。除非家族的高管们认识到董事会存在的意义，并愿意听从董事会给出的建议，否则董事会寸步难行。这并不意味着家族的高管们需要放弃所有的权利，有时候也存在家族高管们发现需要行使作为企业所有者的权利的情况，哪怕自己与董事会的意见相左。董事会一般都会接受这些，但是董事会需要相信自己给出的意见是有价值的，会对生意有影响。董事会应该质疑、挑战、提出建议，并且应该在一个相互理解与支持而不是充满敌意的氛围中。只有愿意放下敏感与自我的成熟之人之间才能产生这样的平衡。如果他们认为某个董事经理冥顽不灵、油盐不进的话，董事会有最终的武器：任免权。

因此，争取独立的外部董事并非限制家族董事总经理的主观能动性，或去拥有所有者的最终权力。合理构建的董事会可能需要更正式的管理程序，但这些通常代表的是所需要的纪律，而不是官僚作风。

建立一个平衡的董事会

家族往往对会吸引什么样的人才到董事会感到惊喜。但是像

"我该找谁"或者"我可能会找谁"这类型的问题并不会起到实质作用,因为他们限制了董事位置的选择。一个更好的起点是"什么是公司需要的?"。想清楚这个问题之后,就可以开始搜索寻找符合这个答案的人。建立一个选举委员会来确定理想的独立董事通常是个好主意,委员会可以起草一份候选人名单,或者把这个任务委托给专门招聘董事的外部公司。

董事会的组成

对于董事会的理想规模和组成,目前学界有很多研究。从数量上来说,专家们普遍认为,为了保持一个群体的高效工作,群组中人的数量应该是有限的,而家族企业董事会的理想规模大约是7个人。这一共识倾向于保留至少3位独立人士,例如家族企业教授约翰·沃德相信3位独立董事要比两位更有价值:

> 这是因为,两个人必须要慎重处理彼此关系,而3个人则会带来更多的创造力、挑战和勇气,避免不必要的客套,换句话说,3位独立董事对董事会的动态方面贡献最多。有三四位独董,加上家族董事经理、董事主席,董事会人员数量很快就会上升到最佳的6或7。

对于大型的家族企业而言,独立董事占比较大越来越成为常态。

从家族与非家族的成员平衡来看,董事会中家族成员越多,董事会的效率就越低,因为更多的会议将变成家族会议而不是董事会会议。与非家族董事一样,家族成员当然应该凭借他们的经验与判断力，经过考核筛选才能进入董事会。马斯格雷夫集团，爱尔兰最大的食品和杂货分销商（见第5章），在他们新通过的公司规章中，同意并实施了关于家族治理过程和结构的规定，家族清楚地表明，董事会中至多有3名家族成员担任非执行董事。他们还规定，在选择董事的时候，必须把管理技巧和商业智慧作为优先考虑的事情。家族各个分支协商推举出合适的董事人选，一旦确定了候选人，就会由评选委员会评估。委员会根据所定义的职位描述和定性属性，来确定最佳候选人。这些新定义的程序体现了显著的稳健性和透明度，而这是家族成员都认为十分重要的。

伊万·兰斯伯格认为，应该为家族董事列出所需要的专业资格，这将有助于确保他们完全理解董事会的职责，并为董事会的工作增添价值：

> 坚持高质量的董事会，并不意味着要排除那些可能缺乏某些专业资格但是有才能的家族成员。对于那些想要服务于家族企业的人，家族应该提供教育机会和培训项目，帮助他们了解所欠缺的知识。

被邀请加入董事会的独立董事们，最好曾经在对家族企业有影响的领域有工作经验，以及拥有一些技能以弥补现有董事会成员的不足。商业背景有助于他们了解家族企业所面临的问题，例如像家族企业内向问题，家族动力学和家族传承问题等，这些都是优秀的董事人选。例如，一个企业家的公司已经成功度过了企业权力交接，他可以为另一家即将面临传承问题的企业带来有价值的见解和重要的附加值。最重要的是找出那些能够认同企业所

第6章 专业的董事会：建立一个平衡的董事会

有者的风险、责任、回报和目标，以及支持家族愿景、价值观和原则的人。

一些公司可能考虑聘请一些专业人才，例如律师与会计师，邀请他们长期加入董事会。这些专业人才能够做出很大的贡献，但前提是要在有足够的监测情况下避免利益冲突。从企业管理层中选择董事会成员，包括从家族管理人员中选择，都不是一个很好的想法，因为董事会负责监督管理层，管理层的使命是向董事会汇报，而不是成为其中一员。很多研究都表明不建议企业中的家族成员进入董事会。

在这本书的撰写研究过程中，我曾拜访过一个做货物包装的家族公司。企业下一代领导人是一个25岁的年轻人，这是一个人尽皆知的事情，并且为了做铺垫，这个年轻人进入了企业一个为期3年的详细职业发展项目，在集团公司的不同部门轮岗工作。该计划进展一直很顺利，这个年轻人很快被任命为部门经理，逐步晋升，直到他被任命为董事会成员。

这一任命引起了一系列关于他个人的问题，也使得他周围的人感到疑惑。突然间，他可以凭借董事的身份接触到机密信息，拥有"特权"，同时他的职业晋升也受到了阻碍。他的上司抱怨说，不清楚这个年轻人要不要向自己报告。这很大程度上取决于每个公司的具体情况，但通常情况下，最好避免把家族员工放在董事会中，除非他们晋升到高管，或者即将担任公司领导角色。

同样，如果配偶和亲戚几乎很少参与专业的商务会议，也不应该是董事会成员（小股东们希望看到的是他们的公司拥有最好的董事会）。由于董事会讨论的焦点应该放在明天而不是昨天，而且很少有朋友能够提供客观的意见，因此通常也避免任命已退休的员工和朋友。最后，应该避免董事会中有客户、供应商和代理商，因为这迟早会导致严重的利益冲突。

运作董事会

提前制定书面的指导方针来引导董事会如何运作是一个好主意（见第5章）。随着董事会的发展，这些准则会发生改变。但是不变的是，指导方针有助于明确股东对于董事会的预期，有助于招募董事会成员。

最重要的是，这种书面指南应该定义董事会的角色：董事会应该努力实现的目标是什么。董事会章程或职位描述中可能包含的项目包括：审查公司的使命和理念，薪酬和评估政策，继任计划以及战略流程和方向。

指导方针应包括关于董事的职位和费用的信息。他们还应该制定董事会的运营规则。比如董事会议召开的频率（如果过于频繁，董事会可能会过多地参与运营的微观管理），议程设定的原则（例如，将难题置顶于议程中），会议如何组织以确保董事做出充分的贡献，全面而精确的会议记录，定期审查董事的贡献等。

干实事的高效董事会

总之，董事会的主要职责是：
- 保护股东的利益。董事会需要平衡他们对公司与股东各自的承诺。如果董事会认为一些行为会削弱公司，并最终减少长期股东价值，例如授权大型派息，或制定其他家族目标保证家族的

第6章 专业的董事会：建立一个平衡的董事会

领导等，那么董事会不应该总是授权这些行为。

- 制定重要决策。包括战略规划；对公司业务范围或性质的改变；批准在市场、生产、投资和财务管理等领域的个别战略；改变公司的组织结构；其他主要企业的决策，例如出售业务或很大一部分的资产；合并、收购和大型投资等。

- 监督管理层的绩效表现。其职责包括监督管理实施公司战略的有效性；确保决策的客观和公平；程序的透明；制定接班人计划；设定管理层薪酬水平。

- 监控和调解家族对企业的参与。很多公司的政策和管理职责都涉及一些敏感的家族问题。家族成员可能不愿面对，特别是传承问题、工作定义和家族成员的报酬。当然，独立董事不会掺杂个人情感，以及保持客观等特点都会起到帮助作用。

下面的故事充分说明了独立董事如何能够发挥他们的影响力，与家族成员一同承担，从而帮助企业未来的发展方向。故事从该董事加入公司董事会后才开始：

> 公司主席告诉我，他30岁的双胞胎儿子非常有能力，传承了他们老两口的优点，准备肩负起延续家族企业传承的重担。所以在接下来的几年中，我与这两个儿子成了好朋友，并深深崇拜他们超群的想象力和智慧。当我越来越了解他们，他们也分享自己的兴趣和愿望，我意识到他们在这个世界上最想做的事情其实是逃离家族企业。一个人想回到自己当初的小学当一名教师，教英语与戏剧；另一个人想去旅行，写诗，画画。他们的父亲完全没有意识到这些精心掩饰的情绪。在董事会会

议上，我问主席的儿子们："你们真的想在接下来的5年里，甚至余生，致力于经营这家公司吗？"孩子们犹豫了一下，然后几乎异口同声地说："我不愿意。"父亲惊愕不已，感到难以置信。这是孩子们第一次披露，父亲寻找家族传承人的梦想无法实现。在接下来的几个月里，主席与他的儿子们达成了一致，决定最好的解决方案是出售企业。

董事会的职责除了监督业务运行之外，也有其他特殊责任，以了解家族企业的愿景、价值观和目标，并帮助确保家族合理的长期目标能够实现。例如，如果家族希望他们的业务遵循社会、道德、宗教或者环境友好的原则（在大多数情况下，这些原则由家族委员会来定义和沟通），董事会则负责确保管理层遵守这些原则。简而言之，在家族企业中，董事会成员实际上是家族核心价值观的托管，而正是这些核心价值观定义了企业文化。

与家族的关系

在非家族公司中，每一个董事会成员都有平等的权利和地位；但在私有的家族公司中，实际上，董事会的其他成员或多或少无法等同于作为所有者的家族董事会成员。当然，这并不意味着外部董事会成员所表达的观点是贬值的，但这确实意味着，所有者拥有最终拍板的权力，这是每个人都需要认识到的一点。原则上，同样的情况适用于任何上市的公司，但是由于股东分散，公司所有者们很难统一意见。

在这种特殊情况下，鉴于董事会的职责是帮助家族解决企

业问题,独立董事与家族建立良好的工作关系是很重要的。伊万·兰斯伯格教授详细地解释了这一直接声明背后微妙的后果:

> 董事会有义务照顾股东的最佳利益,要求成员们提出问题,关于家族的经济效益和所有权问题,以及作为家族企业的长期生存能力。为了履行这项义务,董事们必须与各类关键利益相关者保持不同的关系,使得他们参与所有权和家族问题的讨论时候,不会感觉他们在干涉家族的私事。对于传承和连续性问题,负责任的董事会需要采取积极的态度。董事会如果不去考虑所有者对遗产是否进行了规划,就无法检验企业的长期连续性。同样,负责任的董事会无法忽略家族传承候选人的发展、评估和筛选。

董事会不应被视为家族意见产生分歧时的仲裁机构,但是,如果董事会拥有家族的信任和尊重,那么它在帮助化解潜在危险和提出解决策略方面能提供很大帮助。举一个极端的例子,在董事总经理突然去世或残疾的情况下,董事会可以接管公司,如果有必要,可以聘请职业经理人,而不是让毫无准备的家族承担公司的责任。然后,生意可以在家族的支持下,继续以一种有序的方式运作。如果合适的话,下一代的成员就可以做好准备,承接领导权杖。

当董事会没有有效运行,一些紧张的局面可能会发生。独立董事感觉"家族不尊重我们",企业所有者感觉独立董事"不了解我们",抑或"不知道家族生意如何运行"。正所谓"成也萧何，败也萧何"，许多研究表明，家族董事总经理或者CEO是决定家族企业董事会成败的关键。一般来说，董事总经理的管理哲学对董事会发挥最佳职能的能力影响最大。在运行有效的董事会里，董事会成员无论个人和集体都尊重企业所有者，认为他是领导人；而所有者也认为董事会是合伙人，是学习的来源，并寻求方法来帮助整个管理团队更好地利用董事会的智慧与贡献。一个曾在上市公司工作的董事总经理，往往会比其他创业的董事总经理更容易拥有成功的董事会。因为他们已经吸收了上市公司的工作规程，更容易与董事会协作互动。另一点是，第二代董事总经理似乎更有能力与董事会有效地合作。也许是心理原因，他们对企业控制的需求并不像第一代那样明显。

　　在一些家族企业中，董事会的工作效率高的原因在于董事总经理和董事长的角色是分开的，这使得董事长能够更有精力关注董事会会议的过程和运行。如果将这两种角色集中在一个人身上，董事总经理的问责可能会减少，因为相关个人可能会避免对其业绩给出直接、批评性的反馈。沃德认为，如果家族成员在董事总经理和董事会主席之间选择一个职位，选择董事会主席更为合适。因为董事会主席是公司所有者的"代言人"。相比于处于管理层的最高职位，位于董事会主席的职位更加有助于家族对于公司的管理与掌握。不过这个观点也有例外，例如，如果家族企业正在考虑上市，那么在这种情况下，董事会要变得更"好看"，来吸引外部投资者，或者任命非家族成员担任董事会主席，可能使得公司在资本市场上获得良好的声誉。但这种例外绝不能导致家族对于所有权的权益和责任的放弃。

　　事实上，公司所有权是董事会的核心。所有董事都由大股东决定。如果一个独立董事行为失当，并且对家族失去信心，在股东大会上可以将该独立董事罢免。外部董事要明白股东是公司的最终所有者，如果家族与独立董事对于公司的发展产生不可调节的分歧，那么独立董事需要考虑是否继续在董事会任职。

一个好的方法是将董事们与家族之间的关系以文字的形式记载下来，可以囊括在家族规章中。

两级董事会

一些较大的家族企业将董事会一分为二：控股董事会负责的是公司战略和愿景，运营董事会，负责业务运营。控股董事会专注于股东问题，如资产配置、风险参数、公司战略和企业传承而运营董事会，顾名思义专注于公司的业务。如果将这种划分进行形象化展示，我们会看到运营董事会在由控股董事会定义的文化中经营业务。控股董事会通常由年长的家族成员组成，可能有时候一些非家族董事也会参与其中。这些非家族的董事可能是执行董事，也可能是非执行董事。家族在董事会层面的投入旨在使管理目标与股东价值保持一致。

对于两级董事会各自的职能与职责应该有明确的有记录与规定。关键人物之间也应该保持对话（例如，控股董事会主席和运营董事会的执行董事或首席执行官）以确保家族战略有效传达与沟通，并确保双层结构作为家庭和执行管理层之间的缓冲价值得到最大化。

要记住，两级董事会结构可以作为战略和愿景的基础，来巩固家族的影响力，但它不能取代家族委员会或家族会议。控股董事会是一个法定机构，其董事对公司承担法律责任，因此本质是与家族委员会或类似机构不同的。

没有一种家族和公司治理模式适用于所有家族企业。历史悠久的家族企业，成功之处在于从公司独特的情况出发，形成一套坚实的管理原则和运行流程。

FAMILY BUSINESSES
THE ESSENTIALS

第 7 章

(堂)表亲公司:
多代家族企业的家族治理

时间推移，当家族企业传承到第三代，公司的所有权通常掌握在数十个家族成员手中，任何一个宗派或者血缘分支都很难掌握公司的绝对权。一些家族股东成员在家族企业内工作，一些不在。家族和股东群体对所有权的把握与竞争，可能会产生许多复杂问题，而这种问题的产生几率是非常高的。所以家族企业的治理架构，必须根据家族的独特需求和外部环境而量身定做。

引子

在第2章中我们探讨过，许多家族企业面临的挑战，都源于从感情出发的家族价值观与从任务出发的商业价值观之间的矛盾。价值体系与目标体系相比较可以提供一个很好的开始，去理解家族企业复杂的生态。之前我们讨论非家族企业中，二者近乎独立；但是在家族企业中，二者的关系是相互重叠甚至相互依赖的。这两种体系不同的目的与重要性排序是内部矛盾的出发点。

由此展开，不仅仅是家族与商业的二元模型，我们需要一个更加精细的商业模型，来描述整个家族企业中正在发生的事情（特别是那些历史悠久、传承到三代以上的更复杂的家族企业，这也是本章重点讲述的企业类型）。除了家族和商业因素，还有所有者和管理者之间的复杂关系，具体参见我们之前第2章所谈到的三圈模型（见图2-3）。三圈模型中，家族、所有者与企业组成了彼此依赖又相互重叠的系统。每个家族成员都是由3个圈子所定义的7个分类中的一个（有且只有一个），这个模型有助于厘清并理解家族企业内部成员不同观点和动机，以及人际冲突和角色混乱的潜在来源。

家族企业成功的秘诀之一，就是他们学会了彼此可深入交流，并分享他们对这些关键问题的看法。他们设计策略并建立治理结构，帮助其控制重叠部分。尽量减少重叠的身份所带来的摩擦，最大限度地提高透明度，尽量减少误解的范围，制定政策，在企业的最大利益和家族的福祉之间达到适当的平衡。

但是，家族并不是一下子就学会了这些东西。欧洲工商管理学院（INSEAD）的蓝德·卡洛克（Randel S. Carlock）教授提出了一个循序渐进的模式，帮助具象化这个学习的过程。他解释说，随着家族和企业的成长和成熟，家族企业不断受到新任务和新问题的挑战。不断变换的环境与挑战，要求家族企业成为一个"学习型组织"。

卡洛克的学习型家族模式（见图7-1）帮助家族成长为学习型组织，应对家族企业面临的特殊挑战。这个模式包含9个步骤，从建立挑战意识到执业管理摘要模型。这个模型证明没有可以迅速解决问题的方案，例如，在创建治理机制（第7步）之前，家族无法转移所有权和控制权（第8步）。下面是关于这9个步骤的具体细节，包括：

1. 意识到家族企业面临的挑战。家族了解到在拥有企业之时，就产生了独特的进退两难的困境，以及如何既能保持家族和睦又能达成经营目标。

2. 成为一个学习型家族。家族致力于发展其组织技能，来提高家族在处理商业和个人问题上的效率。

9. 管理模式的训练
8. 转移所有权和控制权
7. 创建家族企业治理机制
6. 从战略上连接家族和企业
5. 跨越几代人来分享权力
4. 练习沟通和冲突解决技巧
3. 建立共同的愿景和家族团队
2. 成为一个学习型家族
1. 意识到家族企业面临的挑战

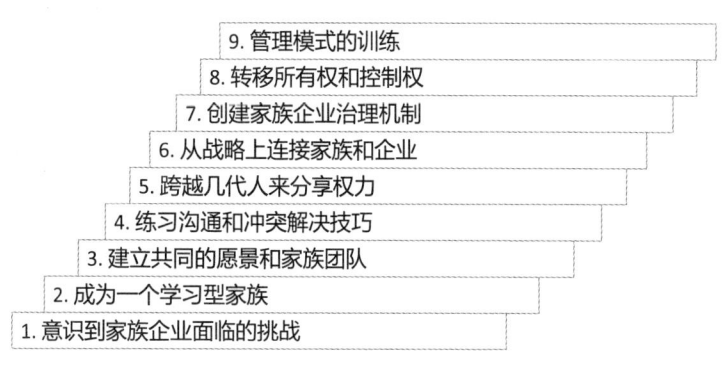

图7-1 一个有效的家族企业的重要步骤

3. 建立共同的愿景和家族团队。家族学会通过整合个人和家族的价值观和目标，来建立这一愿景。而这一愿景将成为规划和行动的指南。

4. 练习沟通和冲突解决技巧。家族成员练习对话，而不是局限于讨论。他们学习并了解敏感问题，建立对彼此的信任，并认识到风险。

5. 跨越几代人来分享权力。这是为家族企业发展奠基的重要一步，具体计划了权力的交接。它要求年长和后续几代的"掌门人"都重视家族企业的权力交接这一重要事宜。

6. 从战略上连接家族和企业。家族分享权力，制订长远战略计划，确定共同的未来愿景。学习家族运营手段和模式，有利于家族成员解决企业不断变化所带来的问题。

7. 创建家族企业治理机制。制定家族和企业的治理结构，股东和管理层则定期审查和检视绩效和战略成果。

8. 转移所有权和控制权。所有权和控制权在家族几代人之间转移，按照家族传承计划来完成。

9. 管理模式的训练。鼓励制订立足长远、相对平衡的计划，是公司政策、制度与战略的核心价值观体现。管理模式没有固定的模式，而是随着家族的经验、传统，对未来的愿景相应做出改变。

上述9步的起点，是学习并掌握三圈模型所反映的家族企业复杂性。三圈模型的确很重要，同时不要忘记的是，其模型是静态的，如同按下快门的一瞬间的事物状态。然而家族企业，在任意这3个方面都是不断变化发展的。所以接下来，我们着重关注一个对多代人都有特别严重影响的领域：所有权的演变。

家族企业所有权的演变

了解家族企业所有权结构通常是了解其内部运作力量的基础。在第2章，我们提到过，家族企业的所有权通常经历"三步走"，从一开始由创始人管理所有，到之后兄弟姐妹合伙拥有，再到最后（堂）表亲共同所有。当企业过渡到（堂）表亲共同所有的阶段，就已经到了家族第三代。家族中可能有几十个家族成员都拥有公司的股份。

第 7 章　（堂）表亲公司：多代家族企业的家族治理

这些企业的所有权通常掌握在家族不同兄弟姐妹手中，通常没有谁拥有绝对的控股权。其中一些家族成员会在企业中工作，而另一些则不会。不难想象，如果这庞大复杂的家族群体没有得到合适的控制和管理，那么就有可能会出现摩擦和失衡的情况。有许多真实的商业案例说明了这一点。我们早些时候讨论的英国鞋类零售商Clarks（见第2章），在1993年早期，利润大幅下降，导致了大幅削减股息，这激怒了许多家族股东，因为他们没有参与公司日常管理，公司派息成为其依赖的稳定收入。

图 7-2　在庞大的家族中，需要有特别的治理体系和机制，来管理成员们多样的利益和需求，并让每个人都有发言权

不像在同一个家庭中长大的兄弟姐妹，堂亲与表亲鲜有共性，甚至有些人素未谋面。此时曾经强有力的家族纽带式微。除了对于家族关系的维系，家族成员还有必要问一个问题："我们的生意目的是什么"或者"我们努力想达成的是什么"。展望商业未来发展，为公司运营提供生命力与方向感。

庞大的家族需要特别的治理体系和机制，来管理成员们多样的利益和需求，并让每个人都有发言权（图7-2）。在构建一个共同的、可行的愿景时，设计退出机制，让那些不相信这一愿景的家族成员作为股东退出公司管理是很有用的。但是，没有任何一个解决方案可以"一劳永逸"地解决所有家族问题。根据特定的需求和特定的情况来调整治理架构，是这一章的核心主题。

文化冲击

在第2章讲述企业生命周期的时候，我们讨论过，家族企业从一人转变为兄弟姐妹合伙经营，或者由兄弟姐妹合伙经营转变为（堂）表亲经营，这一系列转变不单单是人员上的变动，更重要的是企业系统的变革，改变了事情的处理方式。简而言之，这一转变将涉及一种不同的企业结构、不同的企业文化、不同的决策、不同的程序和不同的基本规则。

应该认识到，家族企业的传承是系统的变化，而不仅仅是人员的变化，这种变化尤其适用于企业传承到第三代，（堂）表亲们上台成为企业所有者。人们一般都会忘记自己与堂亲表亲之间的共同点是很少的。家族企业传承到第三代，将在一个不同的操作系统，有不同的价值观和操作方法。家族的第二代可能忽略了这些复杂性，第三代（堂）表亲们将不得不应付这些，来管理这种额外的复杂性。

（堂）表亲掌权的复杂性

（堂）表亲们掌权的企业是家族企业所有制结构中最复杂的一个。第三代及以后掌权的企业所有权将逐渐被显著稀释，通常会由许多少数家族股东持有。每个股东对自己的投资都有不同的看法，这取决于他们是否在家族企业工作，以及他们对公司业务的投入程度。

为了帮助我们认识到这些有着大家族股东的企业所面临的家族治理挑战，一些关于家族本质的基本假设需要改变。伊万·兰斯伯格阐述了这一点。他建议传统家族企业呈金字塔结构，顶层是年长的家族成员，底部是由兄弟姐妹及其后代形成。而对于第三代（堂）表亲接手的家族企业，他认为，重点需要转变为一种环形结构。在这种结构中，每个宗派都有自己的小金字塔等级结构。这些小金字塔围绕中心的家族企业进行旋转并与之交互（参见图7-3）。每个子家族以不同的方式与中心的家族企业连接。例如，一些家族成员可能被家族企业雇用，一些则没有在企业中工作；他们有着不同的价值观，对于家族生意也有着不同程度的参与热诚；一些可能在地理位置上接近公司，另一些则可能在其他国家；一些可能或多或少想参与家族企业事宜，另一些可能只是希望拿到自己的股息。

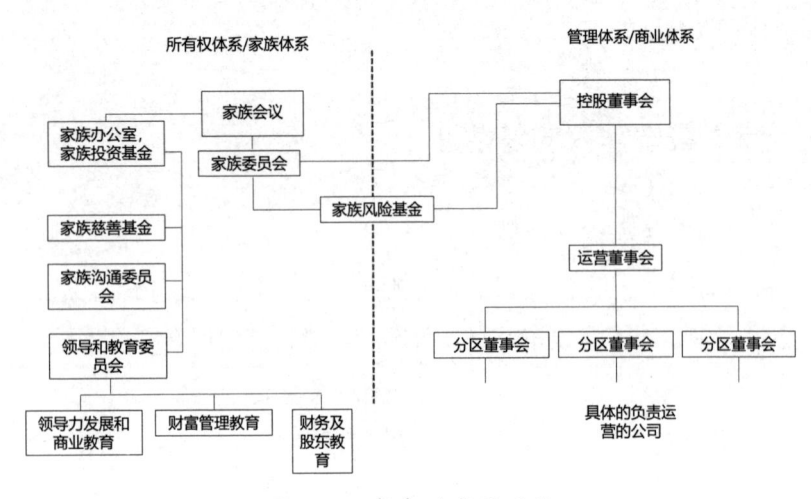

图 7-3 复杂的家族网络

（堂）表亲成为股东所带来的复杂性剧增，体现了本章节要强调的家族企业两个维度：当家族成员不断结婚生子，带来家族的自然增长，与随之增加家族的复杂性；第二个是随着家族扩张，家族股东间差异增加，家族股东的复杂性随之增加。

家族的复杂性

家族复杂性的第一点就是庞大的数字。到了企业第三代，家族企业的创始者可能拥有了超过15个孙子孙女，加上上两代人，整个家族至少有超过30个人参与了家族企业。对于第四代及以后的堂表兄弟公司，有数百个堂表兄弟参与所有权的情况并非闻所未闻。

另一个问题是家族分支的主导地位。到第三代，企业的管理控制通常由创始家族的一个特定分支承担。对于一些亲戚来说，家族的财富和商业声望正在被这一分支机构所接受，这或许可以让人安心，但是，分支机构的任何技能短缺以及成员行使权力的方式都可能引发其他家族成员的不满。例如，他们表现出了对自己分支的家族成员的报酬上的偏袒。

在一些家族中，基于感性的对抗（例如父子间对抗，兄弟姐妹间的竞争），这种竞争关系可能在前几代管理家族业务的时候比较突出，在（堂）表亲掌管的阶段出现了缓和，但是这种感性对抗很可能已经被专注于满足个人以及家族分支目标的价值观取代。然而，在一些家族中，时间的流逝没有能舒缓这种潜在的纷争。上一辈人通过不断放大家族历史，以及不断重复叙述过去的故事，来突出旧有的矛盾。这样做，延续旧的恩怨，其实对于企业发展没有任何益处，只能够让家族分支继续各自为营，减少下一代对于家族的信任与信心。

所有权的复杂性

在（堂）表亲联盟阶段的所有权复杂性以多种方式表现出来。特别是，随着家族企业的发展，家族企业变得更加复杂，家族成员的所有权转移，家族成员越来越远离企业的运营。在早期，业务通常由所有者运营，但随着时间的推移，这种连接减弱，直到在第三代公司阶段，许多家族所有者都是纯粹的投资者，如同购买一家公司的股份一样。

另一方面是所涉及的不同利益。参与公司运营的所有者，其需求、期望以及动力与不参与公司运作的所有者有所不同。后者更多关心公司分红，来维持稳定的收入与家族的生活方式，所以有些时候会反对公司减少分红或者不分红的计划，即使这些资金被用于再投资，以及公司未来长期发展。参与公司运作的家族成员配偶，则会有一种不平衡的感觉，认为自己另一半的价值被这些不参与工作的家族成员的分红降低。

除了庞大的家族股东个人数量之外，多年来为了实现遗产规划和其他目标而引入的信托、控股公司等也是引起所有权变得更加混乱的原因。

家族的所有权通常会在家族分支中延续，但是在（堂）表亲们掌管的时期，因为一些家族分支可能只有一个孩子，而另一些家族分支可能有6个或者8个，当涉及个人的所有权利益时，就产生了明显的不平衡。华宝银行家族的历史就是一个很好的例子。19世纪末，华宝家族的两个分支拥有等量的企业所有权，每个成员都拥有银行的一个董事席位。但是问题在于，其中一个家族分支，有5个儿子，在第二次世界大战之前占了大部分家族的财富。这就是华宝家族著名五兄弟：马克思，著名的银行家，德国皇帝的心腹；弗列兹，社会改革家；菲力克斯，花花公子和慈善家；保罗，后来搬到了美国，帮助建立了美联储；艾比，是一个古怪的收藏家和"文化研究所"的创始人。而他们的堂兄弟塞缪尔德，从小就被灌输"自己的家族没有得到公平对待"的观念。他在战后声名鹊起，经历了兄弟阋墙，也有过摒弃前嫌一同合作，旨在可以控制分散的华宝企业。

正如前面谈到的，第三代企业的管理控制通常集中掌握在家族的一个分支手中。

这个现象虽然客观上普遍存在，但是依然不太可能在主观上被所有家族成员接受。通常情况下，另一派分支（其本身不参与管理，但是可能受到一些真实或假想的历史怨恨影响）成为家族企业内部的批评家和挑战者，寻求家族企业各个方面支持，来挑战执掌家族企业的家族分支的领导地位。

（堂）表亲家族企业所有权复杂性的另一个方面是信息流。在传承了3代以上的家族公司中，大多数股东不直接参与公司的业务，并且他们感觉越来越少接收到关于公司的直接信息。曾经，他们习惯了接收来自父母、配偶、子女的直接转述，能够与事件保持联系，从而可以保护自己家族的利益；而现在，他们作为公司股东，当一些突发事件发生，他们受到相关股东沟通制度的约束。除此之外，信息的一致性和可靠性也是问题。不同的家族分支会听到不同的信息。公司在分配信息方面的挑战比较大，因为这关系到家族分支间的不同的地理分散以及不同的技能、知识、收入水平等。

最后，在（堂）表亲家族企业的舞台上，企业管理很可能已经专业化、由非家族的高管领导。这将产生关于如何保留家族控制的问题，以及如果公司股份持有不太可行，那么针对非家族的高级人员，又将如何制订激励计划。

应对日益增长的复杂性

在（堂）表亲公司阶段，家族企业面临的挑战就变成了如何应对一个不断扩大的"小家族"网络，以及这些"小家族"不同程度的参与和对家族企业的贡献也加剧了这项挑战。这就产生了上面所讨论的大规模的不平衡和复杂性。解决方法只有两种：第一种是通过购买（堂）表亲的股份并整合企业的股份来减少复杂性，但通常情况下，对于一些大型企业，这种选择成本过高，而且通常只能通过出售公司来实现。第二种方法是与复杂性共生，管理适应复杂性，设法防止它失控。

管理复杂性需要以规则的形式引入管理制度。政策和程序可以帮助家族形成凝聚力，参与商业活动。简而言之，我们需要的是有效的家族治理，这意味着要创建有组织的问责制，对所有者、家族和企业的不同利益进行协调。第3章中，我们研究了在家族企业关系中的关键领域所需要的定义与政策（见表3-3）。在这里，焦点转移到了3个主要问题上，建立时间较长的家族企业可能需要特别关注：所有权、公司业务和家族。

所有权政策

家族企业所有者拥有企业的终极权力，但他们同时对企业的可持续发展也有巨大的责任。"富有责任感的所有者"是家族企业管理制度的核心，企业所有者需要展示领导力，因为他们在构建有效的所有权结构方面发挥着积极的作用。家族把自己看作企业护卫者或者管理者，他们关心的是如何将企业从这一代成功传承到下一代，如何薪火相承，源远流长。正如法国奢侈品品牌爱马仕的所有者家族的愿景声明所反映的："我们所有的一切不是从父母那里传承到的，而是从下一代那里借到的。"

关于价值观和所有权的问题实质是集中在目标上，关于企业如何运作，以及对家族重要的是什么：是什么束缚了他们，又是什么使他们连接在一起？愿景和所有权包括明确家族股东如何看待未来：他们认为自己是旨在利益最大化的资产所有者，抑或是未来下一代家族成员的股票管理者和托管人。例如，如果股东们把自己看作家族资产管理者而非所有者，那么是否大家都明确这一点？公司是否准备为股份提供收入和养老金权利，而不是资本资产地位？下一代的股份所有权会发生什么？

对于谁可以拥有公司的股份，需要制定具体的政策来分配股份（是基于血统、姻亲，还是才能等），或者进行股票估值和转让，以及确定预期的投资回报以保护少数家族股东利益。这里，关于姻亲和所有权需要特别提及，因为这些会影响作为配偶的家族成员以及企业。这种"这些政策对于自己的孩子们没有什么影响"的掩饰可谓天方夜谭。解决这个问题的方法非常多。一个极端方法是，姻亲被家族完全接受，并享受与家族成员在商业上的同样的地位。在另一个极端，姻亲被排除在外，不仅仅是股份所有权（通过公司章程规定的规则以及在婚前协议和其他强制性的法律协议），还包括任何其他业务或家族治理架构。

无论对于姻亲采取何种观点，这种在规则上达成一致共识都需要微妙处理。但这不应该采取"无为而治"的态度。姻亲在家族的角色以及权益，需要积极地重视和管理，通过确保家族治理机制的清晰，连接利益相关者的期望与公司的目标来解决。

在（堂）表亲家族企业中，另一个需要强调的问题就是家族分支。特别是如何处理家族分支之间的矛盾，以及是否应该由每个分支派出一个代表在董事会里面。

最后，需要注意的是对于家族内部政策的制定。如果家族企业被视为一种可变现的资本投资，是否所有人都意识到这一点，以及有无制定适当的股东退出程序。在这种（堂）表亲家族企业中，企业可以追溯到三代以上，这时候的（堂）表亲是一种截然不同的"表兄妹"，更多情况下是远房亲戚，而自己手中的股份依靠传承而非购买。创造一个内部可行的资本市场，可以让股东们出于不同原因出售股份或者退出家族企业。

股票出售机制是家族企业股东协议中的重要议题。这些协议由所有的家族股东签署，详细说明关于股份转让的规则，例如，确保股份被卖回公司（如果符合法律要求），或者在优先拒绝的基础上提供给其他家族股东。在成熟的家族企业中，股东的协议可能要求卖方先向其家族分支的成员提供股份，然后再将其出售给其他分支机构，这样一来，股票的销售不会改变家族分支之间的权力平衡。另一种选择是，当一个家族分支的家族成员向另一个家族分支的成员出售股票时，必须强制执行一些后续的交易，来恢复这两个家族分支之前所持有的股票比例。

无论采用何种机制，股东都必须以公平的价格购买，按照透明和客观的程序计算，征得每个人的同意，避免在估值问题上发生冲突，比如少数股权发生折扣。

由于估值过程中涉及税务和法律，聘请外部的专业人士非常有必要。

总而言之，为了应对（堂）表亲公司复杂性的挑战，需要采取一些策略，以促进负责任的家族所有权产生。成功的家族企业采用了以下方法来促进家族所有权结构的有效性：

- 为家族和公司制定清晰而有力的愿景；
- 计划所有权和公司治理，使家族成员在所有权规则上有统一的立场；
- 对所有权结构进行教育，让家族成员了解他们的角色；
- 准备下一代人的接班；
- 及早制定家族权力传承策略。

公司业务政策

商业问题要求在多代的家族企业中关注以下方面：

- 管理哲学。在多代家族企业经营，如何在家族利益最大化和企业的利益最大化之间取得平衡。
- 企业文化。如何使得企业文化反映出家族的价值观。
- 董事会组成。高管与非高管，家族成员及其代表的人选。
- 董事会的责任。董事会与家族所有者，以及其他利益相关者之间关系（详见第6章）。
- 战略输入。如何区别企业包括发展和目标在内的核心战略，以及日常决策。前者是家族所有者参与决策指定，而后者是高官们的职责。
- 高管薪酬。高管的晋升与薪酬激励应该如何明确地定义。特别是股权激励是否适用于公司目前阶段。
- 所有权传承。选择下任公司领导人的标准是什么？谁来决定？他们将如何被考核评价？
- 外部关系。公司中家族所有者应该扮演什么样的角色？

家族政策

之前也曾提到，关于家族愿景、核心价值观和战略，还有一些重要的问题需要解决。为什么家族所有能够使公司的业务蒸蒸日上？为什么我们作为一个家族想要一起做生意，我们所追求的回报是什么？我们想为我们的公司业务奋斗，还是希望公司为我们所服务？

创建家族治理的内部相关机构，对于发展到（堂）表亲所有阶段至关重要。例如家族论坛，以及家族委员会，都可以在不影响企业发展的情况下促进家族间的交流，平衡家族成员的利益。这样的机构有助于制定规则和政策，在不损害业务的情况下解决冲突（特别是家族分支之间的摩擦）；有助于调节家族成员与董事会的关系；有助于制定家族成员进入和退出家族业务的条件，包括其报酬、晋升、评估和报告；有助于监督和控制家族成员津贴；以及建立家族的慈善目标。

家族成员的教育和发展是另一个焦点。为下一代的所有权和领导权接棒做准备，需要制定相应的领导力发展训练，导师计划，以及职业规划等。如果家族企业要把自己的愿景向前推进，就需要加强对股东的培训，使得他们能够掌握多代企业的复杂性。很多时候股份的传承，并不意味着传承对公司与家族的理解——只有教育才是二者的桥梁。

最后，设计一种方法来确保家族股东们有更多的时间在一起是很重要的。因为当亲戚们并不太了解彼此时，拥有与治理一个多代的家族企业可谓"蜀道之难"。家族聚会（在本章后面将会讨论）应该提供一个良好的起点，但是除此之外需要特别的努力来促进彼此的熟悉，帮助大家在正式和非正式的环境中，建立一个更强大、更有凝聚力的集体。

建立家族治理体系

建立家族治理过程的主题与想法包括公正包容、透明清晰、过程问责等。许多经历过家族治理过程的家族都强调在这个过程中"老司机"或者"领头羊"的重要性：需要有人拥有家族内部的信任，领导激励，鼓励家族成员参加支持这项计划。

在家族治理过程中，什么家族成员能够参与其中和何时加入可能都会引起争议。这个问题通常是有分歧的。有些人可能觉得在一开始就进行集体认同，将每个人从一开始都囊括进来是最好的方法；其他人可能认为最好还是限制规划会议和讨论的范围，一开始只局限在关键人，然后逐步进来更多的股东、董事、股东配偶。我们很难说哪一种方法最好，但是如果说建立家族治理机制旨在加强家族成员的凝聚力并形成关于家族治理的共识，那么家族治理的结果，可能不如让家族每个成员感受到自己参与到一个公正公开的过程来得重要。

记录家族的决策：家族规章

家族所确定的决策，以及家族信仰价值观，和他们所希望达成的与家族企业之间的关系，应该正式地写下来，并且记录在家族规章上面。

内容

规章是一份书面声明，记载家族的共同价值观和政策，加强企业所有权和关于经营的共识。

这份文件的中心目标是制定指导方针，帮助管理层、董事会和家族共同工作，每个人都清楚自己的角色和责任，以及界限在哪里。家族规章应该解决表3-3中规定的原则和实践的基本要点，在当前的情况下，也应该涵盖影响更成熟复杂的家族公司的问题，尤其是在上一节中提到的那些问题，例如管理董事、首席执行官如何与董事会主席和家族委员会主席，以及其他利益相关方相互沟通。

制定家族规章是一项重大而耗时的工作，如果希望成功，那么每个参与的人都需要有所付出。有时候，家族规章进程可能会被暂停，因为这个过程会带来一些意想不到的问题，这些问题应在制定规章之前解决。这也是一个"不成功便成仁"的过程，因为它的主要内容与框架之间在很大程度上相互关联和相互依存。

法律地位

家族成员通常希望完成的文件是一份保密的家庭意向声明，而不是一份可执行的法律协议。但是，随着详细的条款开始被置于显微镜下，有些条款在某些方面的法律强制执行也许是可取的。通常情况下，这些条款旨在保护企业，但可能会给个别家族成员带来潜在的沉重负担。

一个例子是关于家族股东退出机制，特别是当家族企业发展到复杂的（堂）表亲企业阶段。家族规章明确规定家族成员有离开的自由，但规定他们股份的对价要3—5年支付。这样的延迟是为了避免公司遇到大规模而且完全没有提前暗示的套现行为，但是这对于留下来的股东而言也是一种潜在负担。很显然，这样重要的事情最好不要成为偶然事件发生，而是可以在家族规章中提前预计并制定好解决方案。因此，更多的家族通常会制定这些条款，这样就可以具有法律执行力，尽管这些条款经常被用来区分股东协议与公司章程修改。

另一个可适用的领域是在股东套现时的股票估值。特别是少数股权的价值是否应该折扣，以及如何计算。

监控、检查和修改

规章应被视为一份"活着"的文件，每四年或五年就会对其进行正式审查与有必要的修改。与此同时，在下次正式审查之前，应该有一些家族成员或者相应机制，可以负责记录任何家族规章上的漏洞，以供讨论。

构建家族治理

这一章强调的是概念、协调结构和委员会的设计，旨在帮助家族在不同的利益和优先级之间建立有组织的问责制。图7-3提供了家族治理的一些主要结构组件的概述，这些结构使家族能够分离家庭和业务问题，并帮助他们管理多代家族企业的复杂性。

要注意的第一点是，这并不意味着所有运行良好的家族企业必须拥有图7-3所示的，或者在本节中讨论所有治理实体。这个图是为了说明一些可供选择的选项，它传达了这样一种理念，即多代家族的家族企业通常会分散为不同的业务单元或部门（由堂兄弟和非家族的职业经理人组成），并由运营董事会监督。一个结构丰富的家族治理结构负责监督运营董事会，包括通过一个控股董事会（由家族分支和外部董事的代表组成，详见第6章），以及家族委员会、家族会议一起来监督。家族治理没有一套固定的模式：其治理体系结构和它相互连接的沟通渠道，必须根据家族实际情况与所处阶段来单独定制。

家族委员会

第3章介绍的家庭委员会是家庭成员和股东的独特利益和关切的主要论坛。

不要太教条（因为一切都取决于个别情况），在一个多代人的家族中，最好的家庭委员会可能有最多10个代表所有家庭成员的选举成员。家族委员会通常会负责起草和完成家族规章，然而，其长期的角色是作为董事会与家族股东之间的一座桥梁（或者是两级董事会的连接）。

正如第6章所指出的，在家族企业中，董事会除了要让股东价值最大化，还有一个额外的职责范围。董事会成员必须了解家族与公司的关系，调解家族对公司的影响，并帮助确保家族企业合理的长期目标得以实现。家族委员会的主要任务是阐明家庭的愿景和价值观，并帮助家庭成员团结于一个共同的目标。另一个核心功能是就战略性的长期问题向董事会发出明确的信号：例如，家族可以接受的商业风险和回报参数；家族股东寻求的投资回报；以及家族对与业务运营相关的伦理和道德问题的态度。另一个重要的角色是规定家族成员的权利和义务，并确定家族成员与公司的关系，包括处理下一代的问题。然而，随着家族的扩张，家族委员会需要把焦点转移到加强沟通、社会问题和慈善问题上，而将战略决策留给家族企业的执行团队。

家族委员会，可能包括企业经理和家族所有者，决策的原则应该是"一致通过"，而不是投票决定，"少数服从多数"的决策方式对于家族委员会而言，实属"下下策"。这个委员会虽然没有正式的权力，但它的目的很明确，是创造家族的凝聚力，让家族可以用一个声音与董事会以及外界沟通。家族股东可以被看作支持董事会的屏障。如果他们不愿意提供这种支持，那么便可以使用最终的权力去移除董事会。

在较小的家族中，委员会可能由家族所有的股东组成。但在复杂的家族企业中，家族成员众多，家族的每一个分支可以选择提名某人参加家族委员会的选举。近年来家族治理的趋势是家族企业逐渐远离"家族分支代表"的概念，因为这一概念被认为具有潜在的分裂性。例如，在英国一些成熟的家族企业中，新一代一直在采用新的指导方针，旨在强调和促进企业更统一的家族方式的政策和程序，取代治理结构中的分支代表。这显然是一个高度重视建立和保持良好的家庭内部沟通的发展。

鞋类零售商Clarks最近的发展是一个善于运用家族委员会的典型案例，帮助拯救了这个目前已经传递到第六代的家族企业。Clarks是英国最古老的家族企业之一。该公司约有80%的股份由数百名个人家族股东所有，其中没有一个人拥有超过2%的股份，而剩余的股份则由员工和机构投资者持有。在Clarks的历史中，出现过几次危机，我们之前在第2章中讨论过。20世纪90年代早期，在交易结果不理想和股息削减的大背景之下，家族不和产生。而在1993年5月，公司已经需要通过出售公司来解决问题，但是股东们又狭隘地否决了这项提案。

公司虽然是家族所有，但是非家族专业人士最终让公司从这些危机中涅槃重生。1993年，家族委员会成立，旨在帮助处理家族与董事会之间的关系，这是治理结构的关键。理事会的特点包括以下内容：

- 它实际上代表了所有家族成员，并且有自己的委员会秘书，由公司支付工资。
- 有17个委员会成员来自家族股东。为了符合条件，他们每个人都需要至少4.5%的股份资本支持。
- 它与高级管理层和公司董事长一年见4次面。在很大程度上，家族委员会的有效性被认为取决于董事会主席的支持力度和执行董事的公开程度。
- 它还通过委员会提名的两个家族成员进入董事会。
- 它的主要作用是通知和教育股东，并允许在需要股东同意的问题上进行协商。

自成立以来，Clarks家族委员会一直在有效地确保透明度，并在所有权和管理层之间建立更紧密的相互理解与配合。

家族能够用统一的意见与声音与对董事会对话是很重要的。在与董事会沟通时，应保持清晰和一致。尽管家族与董事会之间关系的性质可能在不同的企业有不同的表现，但是应该有一个坚实的原则和流程设定作为支撑，以便每个人都知道什么能做和什么不能做。家族委员会与董事会规定各自责任与义务的界限，以及清楚沟通的方式，以便不干扰董事会正常运作。家族成员的担忧对董事会来说是至关重要的。但如果家族成员游说董事会成员，或者做出不正确的评论，那么家族委员会建立的初衷与意义将不复存在。家族委员会与董事会的关系以及畅通的沟通渠道，都应作为指导方针用书面形式记载下来（最好写在家族规章上面）；制定相关股东决策的规定；董事会与家族委员会要定期交换各自的意见与最新的目标；确保所有的重要沟通都以文字的方式记录下来。

其他管理实体

许多其他的实体也可以与家族委员会一同构建成熟的家族企业治理架构。正如我们所看到的，家族委员会通常是家族会议的执行委员会。家族会议是所有家族股东的公开论坛，便于家族股东们了解家族企业的情况，并就有关活动进行询问。在安排会议的时候，应尽量使出席人数最大化，并与其他的社会活动相结合。家族会议提供了一个问责的机会，使得参与家族治理体系运作的家族领导人能够向更大范围的家族成员汇报。家族还需要决定哪些孩子应该参加这些会议。无论年龄几何（有年龄限制的除外），家族应该适当组织团体活动，以便下一代能了解行业与企业，并与他们的兄弟姐妹和堂兄弟姐妹从小就建立深厚关系。

这是一个很好的举措，可以再次强调对于家族企业中治理机构的具体角色。家族成员必须对其所构建的治理过程感到满意，并灵活地决定使用什么方式有助于实现这一目标。例如，总部位于班加罗尔的GMR集团（见第3章）拥有一个8位家族成员组成的家族委员会（拉奥，他的妻子，儿子与儿媳，女儿和女婿）。这个家族委员会建立的核心目的是帮助家族与企业建立联系，同时确保家族成员之间的有效沟通。为了完善家族治理框架，GMR集团又创建了两个额外的机构：商业家族论坛，非商业家族论坛。

商业家族论坛由所有在该集团工作的家族成员组成。它的作用是充当企业和家族之间的桥梁，在有关家族商业的重大事务上做出决策，比如设定家族的风险评级上限，批准大型并购，这一切的出发点是家族利益和其价值观。论坛的基本原理是让家族成员开会讨论有关股东问题，确保家族成员在关键事务上保持统一的观点态度。与此同时，公司的另一个不同寻常的机构是GMR的非商业家族论坛，由参与家族企业工作的家族成员配偶组成。这是一个致力于教育与成长的论坛，确保家族成员之间的良好关系与有效沟通，促进个人发展，以及更广泛地对下一代进行教育。

马斯格雷夫家族也采取了一个类似的家族企业治理方法，更加切合家族企业自身的工作方式。马斯格雷夫家族（参见第5章和第6章）设立一个股东委员会，设在董事会之下，旨在弥合所有权与管理权的分立。这个股东委员会没有公司的决策权，组成成员包括集团主席和首席执行官、所有家族非执行董事（是家族三大分支的代表），以及所有非家族非执行董事。它主要是作为董事会的一个论坛，以获得股东对董事会的支持（尤其是一些重大项目），提供渠道让董事会听到股东的意见与声音。股东委员会在每一次董事会会议召开前举行会议，一般为期半天时间，或者在需要的时候更频繁地开会。

因此，就像GMR一样，马斯格雷夫认为，让家族成员在董事会上发表统一的声音是极其重要的，以避免来自庞大股东群体传递混乱复杂信息的风险。正如这些例子所显示的，家族企业可以通过多种方式来解决这个问题。在第6章中，我们看到了一些公司首选的解决方案是建立具有法律效力的公司规章，抑或双层董事会，而对于GMR和马斯格雷夫来说，建立更多的管理团体或者机构，帮助其完善家族治理体系。这一切的目的都是一致的：家族使用统一口径与董事会沟通，而具体的操作方法则根据实际情况而定。

在中东地区，则有另一种有趣的文化作为对比。除了家族委员会和家族会议之外，许多家族企业的家族治理结构包括了额外的一部分：长老理事会。这是由于中东国家根深蒂固的尊重年长家族成员的传统，这一传统深入了中东生活和文化的方方面面。而长老理事会这个实体，在整个家族治理结构的顶部，而家族委员会更像是执行委员会。

回到如图7-3所示的西方模式，家族理财活动一般是由家族办公室协调。这是一种投资，支持家族治理结构和行政中心（见第10章）。它还可以监督与规划家族财产和税务，商业保险，以及与此相关联的银行和会计。另一个相关联的组织可能是家族基金会，作为治理职能的慈善机构，通过与更广泛的社会合作来实现共同的价值观。

领导力和教育委员会将负责通过领导力的培养，商业和金融教育，来栽培家族的人力资本，为家族成员提供技能学习的机会。这也会对那些没有被企业雇佣的家族成员开放。

风险投资作为专业管理的基金，可以设置为额外的一部分家族资源，预留给那些想追求家族企业之外的职业发展的家族成员，同时保留与家族的关系，这样做也可以刺激和促进家族成员的创业精神。西班牙某大家族更往前走了一步，在董事会之外创建青年董事会，负责探索家族企业和集团新的发展机会，这给家族下一代提供了很好的机会。最终，青年董事会在不断锻炼之后，在大型家族企业的董事会中取得成功。

对于一个大型企业，沟通委员会可能扮演着一个重要的角色，控制传播的信息数量和质量。当家族企业规模不断扩大，到达了（堂）表亲控制的阶段，大多数家族股东（此时可能已经达到数百个）已经无法通过之前的一些非正式途径，例如之前讲过的与父母兄弟讨论等方式，来了解有关家族企业的新闻和现状。

达到（堂）表亲控制的阶段，企业的管理控制通常是由家族的某一特定分支来负责的，这意味着其他家族分支不参与公司运营的家族股东们将失去对企业运行的把握。这是一种潜在的风险，它会让这些不参与家族企业的家族成员感到与公司的脱节。要增加家族成员对于公司的归属感与认知感，需要对沟通管理和经过深思熟虑的策划。但是如果家族企业的领导者们认为只有参与企业运营的人才有资格去了解企业的相关信息，那么在推动企业沟通管理的升级将是一个非常困难的挑战。

计划并管理敏感信息的发布，如公司的分红政策，对于公司的发展是很重要的。如果这一政策有重大变化，特别是如果减少派息，与股东的沟通则需要谨慎管理，做好充分准备，以便让家族股东不会感到意外与不满。与股东的沟通管理，需要投入资金和精力来选择与评估、编译各种类型的信息，以便每个人可以获得适当数量的正确信息，并且以一种清晰的方式呈现，使得股东们能够理解并且发现其有用之处。另外，任命一位非家族成员的股东经理人，以负责管理与股东的沟通与维系良好关系。除此之外，还需要为股东们量身定制教育计划，使得股东们了解如何有效行使自己的所有权。

最后，家族治理结构还有另一个实体，即家族社会委员会的成立，以组织促进家族关系和团结的活动。

角色和成员

以上这些家族企业治理主体的角色分配，以及它们之间的关系，内部各个职位的人选，担任多长时间及其职责与权威等，都应该写在公司章程中。人员的选择和任命是最为重要与困难的。

当家族公司过渡到（堂）表亲控制的阶段，公司整体渗透着"宗亲代表"的概念——在家族治理体系中任职的每一位家族成员，其实代表着其背后的相应家族分支。所以这些家族治理实体的人员选择、任期时长，以及他们权力的范围，都是值得商榷与斟酌的。

人员配备方案包括公开选举，即将离任的前辈选择他们的接替者，家族分支选择人员和提名委员会进行选择等。每一个方式都有自己的优点和缺点。例如，如果强调人选的能力，则必须增加选拔过程的透明度；如果强调公平，则会不利于对于宗派分支的任命；如果制定了严格的制度，则会缺乏灵活性，不利于竞争。需要在完成该职位的任务和个人才能之间找到合适的平衡点，这对良好的治理至关重要。

家族治理结构的运作

除非家族成员之间存在有效的协作和沟通，否则最精心设计的家族治理结构也不起作用。然而，这个系统在纸上设计得再巧妙，构建得再有效，如果没有持续的家族承诺和参与，它也将毫无意义。在太多的情况下，家族成员对他们的治理制度往往会口头上敷衍，好像这是他们努力的结束，而不是开始。如果并不是所有家族分支都支持，不断地更新和维持家族成员对于治理体系的投入，那么家族治理目标就不可能实现。

其中的一个问题是，即使在最好的情况下，家族成员也会发现彼此沟通困难，而随着家族的成长和分散化，当到了（堂）表亲控制的阶段，家族内部沟通也会变得更加困难。提前制定会议议程，与家人进行早期讨论，都可能会给公司顾问一个错误的印象，认为全面而坦诚的交流正在家族内部进行。但是当他们深入调查时往往会发现，家族成员并没有传达出真正重要的东西。通常会有一些涉及各种可能敏感的家族问题被禁止在议程中，这些问题被认为是有风险的，而且很可能引发冲突。

即使在想要公开谈论重要事务的地方，仍然很难讨论那些涉及家族成员之间的关系，以及家族与企业之间相互影响的重大问题。家族企业顾问和推进者可以发挥重要作用（见第5章），提供一个安全的环境来谈论禁止的议程，指导个人提高其沟通技巧，帮助发展共情他人需求的能力，促进有效的小组会议。在（堂）表亲控制的公司中，有价值的家族企业促进技能包括能够与不同级别的人沟通，理解和联系不同年龄段与性别的家族成员，最重要的是，整个家族成员充分享受工作的过程，与推动者产生特殊的"化学反应"。

创建多代人的对话是家族会议的一个重要目标。在会议上，家族成员的一些黄金法则包括倾听对方的意见，试图理解对方的观点，倾听别人的意见时候表现出尊重，准备好解释他们的问题，避免人身攻击等。

家族成员之间交流时往往很担心冲突的发生，但重要的是区分建设性冲突与破坏性冲突。建设性冲突是因为不同的观点被接受和欣赏，辩论可以带来积极的、有创造性的成果；而破坏性冲突通常集中在争论个人身份和关系以及人身攻击等。最有成效的家族注重处理分歧的方法，而不是处理冲突。

结论

多代同堂的家族企业需要正确的家族治理结构，以适应其特定的企业和家族情况。没有放之四海而皆准的解决方案。这些大家族是多样化的，不应低估制定共同议程和解决家族成员之间分歧所需的领导技能。

有效的家族治理需要在家族和企业之间引入接触点——家族会议、家族委员会、各种理事会等——以便讨论和解决成熟的家族企业所面临的复杂且往往情绪化的家族、所有权和业务问题。但治理结构无论设计得多么好，都只是答案的一部分，只是旅程的开始。进入这一过程的家族需要极大的动力，他们必须准备好接受不适，有时是创伤，因为他们要学会坦率地彼此交谈，并与禁忌问题做斗争。另一个必要因素是让治理体系发挥作用的共同热情，这意味着受过教育的股东、强有力的领导层和整个家庭对有效沟通的承诺。

FAMILY BUSINESSES
THE ESSENTIALS

第 8 章

**企业的传承：
来自领导力的挑战**

家族企业掌门人愿意为他的继任安排制订计划，这往往是企业成功的决定性因素。但统计数据非常令人沮丧。在世界范围内，只有约1/3的企业比较成功地实现了家族企业传承；而一些研究表明，仅有5%的家族企业传承到三代以后仍能为股东创造价值。

一些家族企业观察人士认为，家族企业的继任者永远不应该从下一代中选拔。他们认为，继任者很少像他们的上一辈那样有才华。而且，上一辈越成功，则家族公司越大，家族下一代也就越难运行它。但超过76%的英国私人企业是家族所有的，对许多企业主来说，基业长青是奋力前行的一个强大动力，而且有许多高盈利和经营良好的家族企业（无论是私人的还是上市的），所有权延续几代，一直掌握在家族手中。他们成功的关键因素是能够处理复杂而又感性的企业传承问题。

这一章解释了为什么精心准备与安排企业传承是如此重要，但又如此困难，并且分析了适合的方法，旨在提供实际的指导方针，以确保企业过渡顺利完成。家族企业传承分为两个阶段，即管理权和所有权的转移，但它们并不总是同时转移，父母辈往往先把管理的重担交给子女，在胜任之后才会把所有权交出去。

之前我们专注于从第一代创业者的角度来讨论传承。许多第一代传承问题同样适用于后世之间的过渡。然而，从第二代开始的过渡也涉及不同的问题，所以在这一章的后半部分，重点介绍一些历史悠久、经历多代家族更迭的家族企业传承。这个过程中，最为忌讳的一个错误就是认为传承只是一个简单的转移问题，将一套"屡试不爽"的管理方式代代相传。这种"换汤不换药"的传承方法是极其危险的。从一代到另一代不仅仅是人事变化过渡，还包括系统结构和企业文化的变化等。

在这一章中，"退休"一词贯穿整章。这个有着根深蒂固的消极印象，如我们在序言中所讨论的。当我们查看任何现如今的字典，"退休"都关联着一系列无益且悲观的概念，例如与企业脱节、劝退、隐退等，这些无法与现如今理解的"退休"一词的理解相对应。家族企业领袖面临的挑战，与其说是决定如何离开自己的企业，不如说是如何重塑他们与企业的联系和对它的依恋。然而，不幸的是，即使对于"退休"所表达的意义和所表达的概念都在我们的脑海中，但是对其的描述与形容，有时候依然令人恼火而不是具有启发性。因此，关键在于读者要以建设性和积极的态度来看待和理解。

传承的悖论

对家族企业而言，对传承一事不做计划、无所作为通常是灾难性的。然而，许多仍然不愿放弃控制权的家族企业掌门人，宁愿生活在模棱两可的环境中，甚至认为回避问题是最好的解决办法（图8-1）。

图 8-1　企业主不愿让出控制权和制订接班计划是很常见的，但这对家族企业来说往往是灾难性的

将家族企业转移给下一代通常会造成一些管理与情绪上的问题。关于过渡的规划不能太早开始，过程需要小心管理。但许多企业家都回避放弃控制权的想法，传承问题是导致家族关系紧张、企业经营业绩受损的主要原因。

从商业领导力的角度来看，关于企业传承家族企业的创始人面临着一系列复杂的选择，这些选项可以概括为以下6个主题：

- 任命一位家族成员；
- 任命一个临时经理；
- 任命一位职业经理人；
- 出售全部或部分的公司股权；

- 通企业过清算实现退出;
- 什么也不做,"以不变应万变"。

每个选项都是独特的,有自己的优势、劣势、机会和威胁。每一个选项的范围和影响在不同的家族身上而有所不同。例如家族自身是否能够吸引来自家族内部或者外部的、拥有技能的人才加入,以及家族对于财务方面的特殊需求(例如,是否需要从家族企业抽取足够的现金来支付给退休的家族上一代);这些选择还涉及个人和企业税收,集团的运营状况和规模,以及企业传承时的外部商业环境。

如果想保留对企业的直接控制(本章的重点),那么任命一个家族成员担任继承人是第一选择。这也是被许多创始人极为推崇的,因为这个选项给他们个人想法和自身价值提供更多延续的机会,使得他们感觉到生活和工作仍在掌控中。与此同时,他们也不会失去与企业的联系,甚至可能会对企业的发展保持一定的影响力。

非家族人士担任公司长期或者临时领导人的做法(第2和第3种选择),比较适用于当下没有任何合适的、能胜任的家族内部继承者。遗传学并不能保证家族能够一代又一代地培养出企业家和商业领袖。

就退出途径而言,某种形式的出售作为持续经营(第4种选择)可能会帮助企业得以延伸最多的价值。这一选项中的其他选择包括:交易出售(将整个企业全部出售以换取现金),这种选项在找不到合适继任者或者股权上市的情况下特别有吸引力,同时如果通过外部资本获得融资是优先事项。类似地,由私募基金资助的管理层收购(由创始人出售给现有的管理团队,其中可能包括家族成员）可以在将股份转让给家族和直接交易出售之间提供一个折中方案。

清算（第5种选择）需要卖掉所有公司的资产，偿还未偿还的债务，解雇员工。它涉及大量的费用，不太可能是一种好的方法。

最后，创始人可能会简单地采用"无为"之术（第6种选择）来处理企业传承，而这里存在着一个核心悖论。尽管创始人声称，家族解决方案是他们的首选，但在实践中，"千秋万代"的梦想很少能够实现。什么都不做其实是最不合理、最昂贵也是最具破坏性的选择，但它是迄今为止最受欢迎的。

抵制继任计划

由于复杂的立场，许多家族成员倾向于对传承问题置之不理，原因在于创始人、家族和企业内部各种力量暗潮涌动，角逐甚至争夺领导权。因此，正视和认真研究它，是实现家族企业成功过渡的关键第一步。

我们都会经历生老病死，所以为了公司的永续，掌门人应该考虑到传承的计划，并确保它尽可能顺利、高效地进行，应成为自己的首要任务。但奇怪的是，尽管上述逻辑再明显不过，选择通过企业自然过渡（以及出于不可抗拒的企业或家族原因去策划企业传声）的这种"无为而治"仍然是一些创始人最经常采用的方式。

从众多案例中选取一个例子，是关于一位早早退休的大学教授所创立的企业。该教授在他40多岁的时候研究出了一个非常厉害的技术，基于研究的成果，他决定进入商业领域去实现其经济价值。他在自己的车库内制造出了一个原型机，然后建立了一个制造工厂，并将产品以很高的价格卖给世界各地的军队和商业终端用户。这位教授是一位天才，也是一位完美主义者，他的公司利润和增长都非常可观。有两个儿子和一个女儿和他一起工作，但他从来没有把他们带进他的核心管理层，老教授未曾规划孩子们的事业，这些子女也从未接受过训练，没有承担重大责任的能力。尽管如此，教授还是有把公司交给孩子们的想法，并且经常谈论到这个问题，但没有落到实处的过渡计划。在教授60多岁的时候，他仍然把公司紧紧控制在手中。有一天，他突然病倒了并且意外去世了。下一代人尽管在公司工作了10年，但是觉得自己完全没有准备好接手管理公司，也缺乏对公司全局的驾驭经验和能力。最后，该公司不得不被出售。

对于家族企业传承的选项看来已经很明确了。是选择有组织的、渐进的过程，培养一个训练有素的继任者，还是什么安排也不做，当有一天公司创始人突然生病或者驾鹤西去，家族下一代发现自己没有经验也没有能力接手公司，两种方法自然高低立现。

耶鲁大学的杰弗里·索南费尔德（Jeffrey Sonnenfeld）教授将家族企业创始人退出家族企业的风格归类为"君主""将军""大使"和"州长"。君主型企业家会坚守在办公室，除非因为发生死亡或内部"叛变"等不得已的情况而被迫离开。将军型企业家们也是出于某种原因被迫离开公司，但他们会策划着回归，并且在某些时候从退休状态回归企业，拯救公司。大使型企业家们会选择优雅地离开企业，并经常充当"返聘"导师，例如

IBM的汤姆·沃森（Tom Watson）爵士，在57岁心脏病发作后，制订了自己的60岁退休计划，退休后选择担任董事会导师直到去世。他没有像他的创始人父亲那样，一直到82岁还拒绝把手中权杖交给别人。州长型企业家们是最后一类，他们制定了任期限制，退休后会转向其他职业。上述这4种企业家退出方式，对理解难以面对的继任问题的心理因素提供了有益的框架。

索南费尔德通过比较不同企业家的退出风格研究家族公司的年均增长率。拥有君主型企业家的企业表现最好，其次是大使型将军型和州长型所在企业。但他也观察了在上述企业家们任期最后两年的表现，却得出了完全不同的结论。最后两年的时候，州长型的状态在4种人设中是最佳的，而在这段时间里，那些专制的君主型，因为在任期末尾越发迷恋权力，导致那时候的企业表现不尽如人意，成为"明日黄花"。

为什么君主型和将军型是比较经常出现的企业家退出模式？不去解决和考虑传承问题，往往是企业家本能地想要控制自己创造的商业帝国的表现，以及对继任计划的本能躲避。原因甚为微妙，在许多情况下，是为了避免根深蒂固的焦虑和恐惧。许多因素都会降低传承计划的可能性。伊万·兰斯伯格将这些障碍的类别划分为公司创始人、家族、员工以及公司运营的大环境的因素。

公司创始人

首先是对死亡的恐惧。很少有人能轻易接受自己的死亡，对于企业家来说，这往往是一个敏感的问题，他们的成功通常是由强大的自我意识和可以主宰自己命运的信念驱动的。不愿放弃控制权和权力也是他们走向成功的推动力之一。许多人之所以成为企业家，正是因为他们有很强的获取和行使权力的能力。因此，他们认为放弃权力是一种巨大的牺牲，这种想法并不奇怪。

企业家们常常强烈地认同自己的企业，视之为个人成就，定义了他们在世界上的地位。放手会让他们觉得自己失去作用，并且重新唤醒了老生常谈的身份认同问题。在企业家的生命后期，这些问题可能很难处理。创始人也常常对继承计划有偏见。成功的企业传承通常是一个重大、长期的工程，在传承之前的许多年就要开始铺垫。但是企业家大多是实干家而不是计划者，他们通常认为正式的计划是官僚和限制性的。

无法在孩子中做出选择，往往不利于继任计划。我们在第2章中看到，在商业原则下，传承人的选择应该基于能力，而家庭价值观决定了孩子不应该成为一个被选择过程的主体，而应该被平等地关爱和对待。家庭价值观通常在这个问题上占据上风，创始人甚至不愿考虑以牺牲其他孩子的利益为代价来优待另一个孩子。

对退休的恐惧也是一个重要因素。家族企业的所有者通常都热爱自己的企业，从日常工作中解脱出来，进入他们有时认为的退休真空期，这种想法几乎可以被视为一种危及生命的事件。创始人可能很少有工作之外的兴趣能够在退休后培养起来，因此，他们会把注意力集中在负面思维上，比如自尊的丧失，以及把生意委托给一个实力尚待商榷的传承人的风险。"没有人能像我一样经营这个企业"，这是许多企业家为了证明自己的重要性而苦苦挣扎的出发点，面对会接管自己所钟爱的组织的潜在继承者时往往饱含竞争和嫉妒的情绪。当创始人和潜在的传承人是父母与子女关系的时候,这种情绪可能会变得更加严重,并带来额外的心理层面的恐惧和敌意。之前提及的一个例子是父亲答应把生意交给他的儿子。儿子为父亲工作了15年,最终却被告知如果他想继承这家企业,必须买下这家公司。从那以后,这父子俩就再没有说过话。

家族

反对继任计划的家族势力并不仅局限于创始人。家族也是另外的压力来源。创始人的配偶通常不愿意伴侣进入退休状态。他也不喜欢放弃在家族企业内外扮演的重要角色。除了直接参与业务外,该公司还可能成为一些社会活动的中心,成为企业家配偶社会身份的重要组成部分。

家族禁忌也是一个原因。管理家族行为的家族传统其实并不鼓励父母和下一代讨论父母百年之后的家族未来。这些讨论更多是关于财务问题。因此涉及家族继承计划的话题通常是避讳公开讨论的,即使在最灵活变通的家族中也是如此。

最后,还有出于对父母死亡的恐惧,下一代人通常对"被抛弃"和"分离"有着根深蒂固的心理担忧,这种担忧可能会过于让人痛苦,以至于无法参与有关传承的讨论。

员工和环境因素

尽管企业的持续繁荣符合员工的最佳利益,但员工仍可能会阻碍企业传承。对许多员工(尤其是高级经理)来说,他们与创始人的亲密关系是为家族企业工作的最重要的优势。面对由缺乏经验并且可能会对企业做出全面改变的继任者来取代创始人,一些员工会视为对他们工作满意度和安全感的威胁。

外界对变革的担忧也有一定影响。在公司之外，重要的客户很可能不愿意接受改变，不愿意相信新面孔。类似地，其他企业家，如企业家的同龄朋友，不愿处理自己家的传承问题，也会从侧面强化创始人对提前筹划企业传承的偏见。

因此，企业所有者必须面对一系列复杂而相互关联的过程——心理上、情感上、个人层面、组织的内部外部——这些过程都与接班人逐步接手管理的努力背道而驰。因此，不难想，很少有家族企业创始人愿意，同时也有能力组织有效的接班计划，反而把精力集中在想出一个又一个拖延策略，以推迟到他们不得不解决这个问题的那一天。

领导传承权的过渡

艾伦·克罗斯比（Alan Crosbie），一位来自爱尔兰的家族企业家，曾举办过关于家族企业的专题演讲。他做了一个有趣的比喻，将经营家族企业比拟为驾驶飞机：

> 飞机在飞越大西洋的3个小时旅途中，无论谁驾驶，其实危险系数并不大，但在起飞和降落的过程中，却更容易发生事故。传承的意义非常类似于着陆和起飞。它比公司发展历史上其他任何时期都有更大的危险与威胁。

公司需要强有力的领导力才能完成企业传承。传承计划要做得很好，需要很长时间；最成功的继承是建立在上下两代人以彼此负责、彼此尊重和彼此承诺为基础上的伙伴关系。然而，他们也是基于愿意解决基本问题而产生的，比如企业是否需要保持家族所有，如果是这样，为什么？然后，还有一些非常重要的问题：如果这位家族企业掌门人明天突然去世，企业将由谁来接手，以及这对公司的影响会是什么？这里没有任何含糊、假设或猜测的余地。有序是继任计划的一个关键组成部分，它需要一个相互理解的框架，以及明确的领导和指引方向。

一旦确定长期目标是将企业保留在家族内，管理继承过程的指导方针将是：

- 及早计划；
- 鼓励家族跨代团队合作；
- 制订书面接班计划；
- 动员家族和企业同事；
- 巧妙利用外界的帮助；
- 建立教育培训过程；
- 计划退休；
- 按时并明确地退休。

但传承也应该被视为一个家族价值观（一个家族及其企业所代表的东西）和愿景（各自发展方向的共同认知）焕然一新的机会。我们在第3章中看到，价值观和愿景是家族企业力量和韧性的主要来源。有人还指出，如果价值观和态度仍然停留在过去，并根深蒂固，家庭就有可能产生真空，在这种真空中，由于没有相关的愿景来团结家庭，就可能出现断层、沟通失败和冲突。家族企业的每一次代际交接，都需要家族所有人对企业的愿景更新一致,而交接过程本身的不稳定和变化为家庭提供了一个适当的时间,让他们在政策和立场生根之前共同参与这项任务。

及早计划

正如前面所讨论的,在商业中,获得成功和巨额利润的主要途径之一,就是能够在今天解决明天可预见的问题。企业家们对未来有了一个认识,并利用他们的远见提供商业解决方案,这就是财富的创造方式。当然,这很难实现,但家族企业的一个显著特点是,总有可能解决未来一系列可预测的问题,只是因为在很大程度上,这些问题可以提前发现。

传承就是一个典型的例子。不是等到宣读遗嘱的一刹那,才迸发出诸如"谁获得了股份"或"谁最适合担任管理领导"之类的问题。在家族企业中,有机会在一个商定的过程中,在一个平静的氛围下,提前解决这些问题,从而减少意料之外可预见事件的潜在破坏性影响。但尽管如此,通常面对传承,脑海中蹦出的第一个真实想法是董事长或者首席执行官的死亡或健康出现问题。除了对业务造成严重损害的可能性外,这将是一个家族最不可能对这个问题进行适当考虑的时候。

对掌门人死亡的准备不充分,可能会使家族面临高昂的税收负债(如财产继承问题带来的遗产税)所引发的现金流问题,同时却没有足够的流动资产来解决这些问题。在其他情况下,传承人会在一种相互指责和内疚的气氛中进行,因为他们无法理解或控制自己被卷入的过程,只能寻找一个指责埋怨的借口。

传承过程应该经过仔细规划,并随着时间的推移而发生。理想情况下,几乎都是掌门人逐渐地减少参与管理。创始人并不是突然从最高职位上被赶下台，而是逐渐将自己的身份和业务分开，并习惯新的角色。与此同时，继任者应该逐渐成长，适应他们的角色，并赢得创始人和其他利益相关者的尊重和信任。

充分了解过渡过程及其对家族成员的影响是至关重要的，这也需要很长时间：需要评估各种选择；必须使家族有充分的机会思考各项决定的影响；此外，还需要制定并商定一个循序渐进的接班时间表。

鼓励跨代团队合作

要想在企业传承过程中尽可能地没有麻烦，那么建立和培养代际之间的团队合作是很重要的。

老一辈的领导是无可替代的。如果可能的话，老一辈应该成为下一代的教练和导师，从而使得权力和控制权得到阶段性传递。父子和其他家族竞争常常阻碍这种代际间合作的发展，但当他们工作时，这种跨代际的伙伴关系是强大而有效的。托马斯·梅隆法官是一位在美国的爱尔兰移民，同时也是银行帝国的创始人。他把自己的主要使命看作培养5个儿子的领导力。他花时间与他们每一个人相处，帮助他们从错误中学习，并潜移默化地灌输信任和协作的价值观。在1882年1月5日，托马斯完成了他创立银行之初的计划，把公司交给他的儿子安德鲁·梅隆。安德鲁·梅隆此时已经和父亲一起工作了9年（并且得到了1/5的股权）。不久之后，安德鲁把银行的一半给了他的兄弟理查德·梅隆，由此开启了一个家族通力合作的成功时代，梅隆银行也在这个时候拓展到了全世界范围。在75岁的时候，梅隆法官并没有试图重新回到公司或"垂帘听政"担任顾问，而是离开了公司，寻找自己的新征程。

不幸的是，现实往往达不到这种理想。随着后世的发展，家族参与商业活动的情感因素的强度会增加，而情感包袱——上一代遗留下来的一些未解决的问题——会发展成他们自己的生活一部分。例如，如果一个兄弟觉得自己被另一个兄弟欺负了，而这种怨恨在兄弟姐妹死前没有得到解决，那么当下一代继任时，这种怨恨很可能会继续存在并恶化。建立代际合作意味着这几代人认识到这类问题，讨论它们，并试图找到解决方案。认为这些问题会随着时间的推移而被遗忘是一个根本性的错误；这些问题通常会在以后重新出现，变得更加复杂和难以解决。

几代人之间的经济独立很重要，必要时应在传承计划中为此做出规定。实现两代人之间财务独立（以及心理独立）的一种方式家族代际之间的贷款。为了买断即将离职的一代人的股份，确保他们不再对公司有任何财务要求，新一代人以公司的资产去担保贷款。这通常涉及购买股票，因此必须征询专业人士意见，以确公司提供财务援助（包括担保）来购买公司自身股票这种交易不违反法律规定。

对此，以一个儿子从家族购买股票的案例说明何谓建立几代人之间的财务独立。在这个儿子30多岁的时候，他正经历着源于经营家族企业过程中受到父母诸多干预的挫折感。他的父母花了多年时间打造这家公司。儿子有扩张公司的雄心，但他担心因为没有得到父母的明确授权，自己无法在公司内有效进行运作。对他的父母而言，他们不愿授予儿子权力，因为企业包含着他们大部分个人财富，他们担心公司利润的恶化会对他们的退休产生不利影响。

解决这一僵局的第一步是与父母确定他们需要为退休准备多少钱，简而言之，税后他们想在银行里存够多少钱，这样他们就不会再有后顾之忧了。据计算，这一数字约相当于企业价值的40%。根据这个，父母制订了一项计划，让儿子成立一家新公司（儿子拥有这家公司所有股份），父母将家族企业60%的股权交给他。在此之后，新公司申请了一笔银行贷款（主要以公司业务资产作为担保），以购买其父母手中剩余的家族企业40%的股权。随后，进行相关的股票交易流程，新公司拥有了家族企业100%的股权。最终的结果是，儿子获得了家族企业全部控制权，而他的父母获得了足够的现金，为他们的退休提供有效财务保障。这个案例说明，一旦达成一致的目标，设计合适的结构和机制来实现这些目标是很容易的。

制订一份书面计划

第3章强调了家族建立正式机制、规则和程序的重要性，以帮助家庭成员避免紧张和分裂，如果不加以管理，就会妨碍企业的有效运作。研究表明，建立一个家族委员会并起草一份书面的家族规章（记录家族在业务和其他问题上商定的政策），将提供一个结构框架，帮助家庭成员专注于重要问题，通过解决问题取得进展，并找到彼此合作的方式。

出于同样的原因，制订一份书面的接班计划，包括循序渐进地处理传承进程中的实际和心理方面问题，将是非常宝贵的。要制定和记录这个过程的各个阶段的想法本身是有用的，而且每个人都知道正式文件的存在，并且该文件已经咨询，将大大减少潜在的怀疑和误解。

该计划应涵盖潜在继任者的领导力和技能开发计划。这将包括外部工作经验和所规划的职业发展道路的大致框架。选择继任者的过程也应明确：选择继承者的时机，选择过程遵循的商业准则，选择是委托给公司董事会还是家族成员委员会，这项决定如何传达给家族，公司内外部利益相关者（如公司债权人和关键客户），并获得其认可。重要的是制定一个时间表，里面包括规划家族上一代所有者逐步减少参与业务，同时规划出选定的继任者不断扩大其职责与角色。组织传承的计划，包括企业继承之后管理团队的结构和职能，以及其他一些细节，比如关键经理人的职业发展道路，以及未来的家族参与模式。

书面传承计划完成后，将其传达给家族、员工和对业务的连续性和成功感兴趣的外部人员，例如银行经理、客户和供应商。认真对待传承问题的切实证据，将给这些人士留下深刻印象并让他们放心，同时也会让每个人都有机会为顺利传承制订计划。

动员每个人的参与并获取外部帮助

任命一个由股东、选定的家族成员、非执行董事和受信任的员工组成的企业传承工作小组是一个不错的主意。该小组负责制订传承计划并监测其执行情况。后者对于确保该计划能够实现所需的组织结果非常重要，包括产生维持企业传承过渡所需的个人心理反应。

企业所有者有责任发起并领导传承计划过程，但企业传承工作小组给予那些与之最直接相关的人一个公开发表他们想法和顾虑的机会。提供一个辩论的论坛，有助于减少家族和员工负面情绪反应。

家族与员工加入进来分享彼此的担忧、利益和侧重点是很重要的，但只有创始人能够完全理解与传承计划相关的复杂情感和管理问题。因此，创始人应该尽可能地让更多的人参与这个过程。事实上，任何人都可以在这个关键阶段提供有用的建议和支持。例如，一个强大而平衡、包括外部人士的董事会，是传承计划中专业知识和客观性的宝贵来源，而家族企业顾问和其他对公司深入了解的专业顾问也很擅长处理这些问题。同辈群体——他们自己也面临着或者已经经历了家族传承——都会提供一些帮助。分享和比较经验是观点、策略和支持的重要来源。

建立教育和培训过程

许多企业主认为他们的孩子想进入家族企业，或者他们给孩子施加足够的压力，能够让他们这样做。不充分的准备和培训，或不适当的压力，使许多家族下一代成员从事不愉快的职业，既不能令自己满意，也不能为企业带来效益。本章将讨论如何为接班人培养领导力。

为退休做准备

退休计划中，重要的是掌门人在情感和经济上做好准备。在退休后这个新阶段，他们的生活并不只是围绕着家族企业。他们需要听取财务准备方面的建议。在情感层面，专家们或多或少都一致认为，如果企业主退休后开始新的生活，是开始有趣的活动，而不是结束旧的生活，因为后一说法意味着他们有用和富有创造力的日子结束了。创始人与家族企业断绝关系既不可取，也不可能，毕竟，这是家族结构的一部分。因此，创始人必须思考如何最好地重塑他们对企业的依恋,并计划他们未来的工作活动。

创始人仍然是家族企业的重要资源,尽管他们已经将日常运营责任传递给了继任者。许多创始人,作为他们的传承计划的一部分,在公司中扮演新的角色,例如,新产品开发或特殊项目。他们还可以在促进管理的连续性方面发挥作用,将新的管理者与未来对企业成功和繁荣而言很重要的个人和组织联系起来。

说到做到的退休

如第4章所述,在人力资源管理问题和家族成员方面,需要制定明确的管理标准。但即使是有正式制度的家族企业,往往也会因为家族高管拒绝遵守退休准则而遇到困难。对于那些不愿放弃控制公司日常运营的创始人来说,这个问题尤其棘手,因为他们认为自己对企业是不可或缺的。因此,他们顶住了来自潜在继承人、他们的配偶或企业中的其他家族成员劝他退休的压力。许多案例都强调了让创始人退休的困难,这些事件大多按照如下顺序发生:董事总经理的退休日期已然确定;有明确的接班安排;公司的员工,无论是家族成员还是非家族成员,都会在约定的周五晚上聚在一起,用香槟和演讲庆祝这历史性的一刻;总经理介绍了所有关于这忙碌又愉快的退休计划;接下来的周一,出乎所有人的意料(也让指定的继任者感到震惊),总经理像往常一样出现了,解释说"有一两件事我还需要解决"。

如果创始人在他们还能完全掌握自己能力且能给高级管理人员提供及时指导的时候辞职,企业传承则更有可能顺利进行。一些研究企业家生命周期的数据表明,当创始人坚持手握权力太久，与继任者不同步时，企业可能会出现困难。例如，心理学家弗雷德里克·哈德森（Frederic Hudson）将五六十岁的人的发展挑战，定义为确保自我更新和创造新的开始；相比之下，70多岁的老人的发展工作侧重于反思、创造遗产和指导。很明显，那些在五六十岁时还无法开始规划自己生活的家族企业管理者，可能会在70多岁甚至更老的时候严重跟不上时代的步伐。这反过来又会影响到下一代接班人的生活，当下一代已经到了中年，可能对谋求独立、社会认可和领导能力缺乏耐心。随着社会老龄化加剧，这些压力和不平衡可能会与日俱增。在个人层面不难想象，随着年龄的增长，家族企业的长辈们与其试图摆脱几十年来支配他们生活的情感、商业、金融和法律安排的复杂组合，坚守现状似乎是最简单的选择。

关于家族企业首席执行官或董事总经理终究工作多久的模糊定位将成为过去。很多人坚持认为应该在家族章程或书面传承计划中加入条款，明确董事总经理应被允许担任最高职位的时间。这并不意味着企业老一代人必须停止在业务中扮演任何角色，但这确实意味着他们的新角色已经被很好地定义，并且不包括参与企业日常运营。继任者有时会报告说，他们不得不花大量时间在统领家族企业的前辈身上，后者对持续了解企业并渴望分享的需求并没有减少。然而，定期进行简要谈话的要求通常会随着时间推移而减少，虽然被下一代人所反感，却通常被视为一种合理但代价高昂的回报。

选择合适的继承人

在评估候选人，一些需要考虑的重要问题包括如下几方面：
- 他们是否会致力于公司的发展？
- 他们是否有能力带领公司前进？
- 他们是否有能力独立思考并做出正确的判断？
- 他们是否在需要做出艰难决定和激励他人的时刻展现领导才能？

但是，谁是问这些问题和做出选择的合适人选呢？许多专家认为，在家族公司工作的资深家族成员不应负责挑选自己的接班人。哈里·莱文森总结得很好：

"我们每一个人通常以无意识的方式去追求无所不能和永垂不朽。在不同程度上，每个人都希望自己取得的成就能成为自己不朽的丰碑；每个人都想证明他对自己的组织是必要的，组织离开他转不了。这种压力对于掌管企业很长时间的企业家来说尤其强烈。因此，尽管高管们有意识地通过对继任者的明智选择来延续他们的企业，但他们也不自觉地会去试图证明，没有人能够接替他们。"

为了避免这些危险，强大董事会的建议和帮助是无价的，无论是在评估家族成员，或是任何非家族成员在企业中的能力，还是做出最后的决定。特别是，一位经验丰富且独立的非执行董事可能提供一种不受董事长、总经理及其他公司和家族成员的影响的观点。而外部的专业人力资源管理顾问将提供额外的公正性。

GMR集团提出了一个有趣的替代方法，来解决"应该由谁来选择传承人"的问题（参见第3章与第7章）。我们回顾一下，GMR创始人拉奥与他的儿子以及女婿都已经参与了公司事务，而且他们都是集团董事。拉奥决定70岁正式退休，在那时他将致力于GMR集团慈善活动。在退休之日到来之前的5年，关于选择并任命接班人的过程便开始了。公司章程规定，由家族下一代负责选择拉奥的继任者，也就是拉奥的儿子和女婿将联手组成家族继承人选举委员会，要求家族继承人选举委员会最终的决定需要委员全票通过，并且时刻准备好相关程序解决由于突发情形（比如拉奥身故或者丧失行动能力等）带来的僵局。

选择谁

从家族内部考虑接班人选可能会引发一系列棘手的问题。然而，在这一过程开始之前，家族必须重新回顾一下家族的愿景、价值观和战略目标，并以此作为决策指南。举例来说，如果风险厌恶、财富保值和强调管理是家族企业的核心战略之一，那么那些追求高杠杆率、高风险的策略，以实现引人注目的增长的年轻人不应排在候选人名单的前列。

还请记住，尽管年长的一代可能拥有优秀的管理、领导和创业技能，但不可避免我们要接受的是，这些组合在下一代基因库中可能不存在，比如一些人能成为管理者而不是好的领导者。在这种情形下，需要采用一种不同的方法和结构来挑选家族接班人。同样，如果下一代不是一个优秀的管理者，但他有卓越的领导才能，那么如何将外部管理人才置于他们之下的公司运作结构可能更值得花费精力，他们更能胜任家族主席的职位，而不是家族的董事总经理。

有时，接班人的选择似乎很简单。可以是单一的接班人——这也被家族视为合乎逻辑的选择——既能干又有决心，在继任规划过程中自然而然地担此大任。但有些家族有自己的一套逻辑，认为长子理所应当是第一顺位继承人。尽管这种方式消除了选择继承人带来的不确定性，减少了孩子们之间的竞争与冲突，但这样的规则可能导致选择一个不如其他候选人有能力的接班人。近期麦肯锡研究发现，由家族长子管理的家族企业往往经营管理得相对较差，法国和英国此类公司普遍存在，这似乎是德国和美国的家族企业运营效率与表现的主要原因。

在一定程度上，寻找一名继任者反映出一种倾向，即家族企业更喜欢单一领导模式。从选择一个继承者的角度来考虑继任问题，只选择一个领导人作为继任者可能会产生误导。对于家族企业来说，可能有令人信服的理由，令两人或更多的人联合领导，比如父母拒绝从子女中选择唯一传承人，或者进行完全的交接还为时过早。所以由企业创始人的孩子们管理的第二代家族企业有时会反对单一领导者模式，转而采取另外两种形式来管理企业：一种模式是合伙人关系，在这种伙伴关系中，一方的兄弟可能比另一方略有优势，另一方也愿意接受这个人作为公司的受尊敬的领导者和其有名无实的领袖；第二种模式是真正的伙伴关系——两个或两个以上的兄弟姐妹在一个平等的团队中工作，领导权是共享的，而兄弟姐妹则在协商一致的情况下管理业务。

这两种类型的伙伴关系都依赖于某种共同的愿景、明确的角色和责任划分，欣赏个性的多样性，以及强大的兄弟情谊，促进协作和成功的团队合作。这种二元领导人一般具有相对平等的能力，也愿意妥协和接受协商一致的决策，但由于管理矛盾触发僵局的可能性依然存在，需要准备好解决方案。

在撰写这本书的时候，我在访问一家公司。公司是由家族第二代的两兄弟管理。他们恰好各自负责不同地理区位的两部分生意，两部分生意规模大小差不多，每部分由一个兄弟监督。两位领导人将他们的角色描述为一个真正的、平衡的伙伴关系，他们认为这是自己的力量源泉。他们之所以能够有效合作，似乎是因为他们有着完全不同的性格，他们的优势和背景相互补充。然而，他们之间存在着共同的愿景和纽带。其中一个兄弟解释道：

"我认为全凭我和他一起长大，非常了解他，我们才能合作得如此愉快。我完全信任他，不干涉他，让他继续他的职责范围发挥，他也对我做同样的事。同时，我们都很清楚彼此的职责范围，因为我们已经把它以书面方式规定下来，让公司里的每个人都知道这个职位的职责和权限。"

一项针对英国家族企业所有者子女的调查发现，性别因素似乎影响下一代对于加入家族企业的决定。在接受调查的儿童中，有75%的儿子在这一行工作，而仅有35%的女儿在家族企业工作。77%不愿意参与家族企业事务的原因是对商业事业缺乏兴趣。女儿们在家族企业内工作可能会做出一番事业来，因为没有了父子关系这个亘古难题，继承过程会更加顺利。

姻亲也不应该被忽略。女婿或儿媳的参与可以为下一代领导人提供更多的潜在优势，并为家族企业带来新的优势。请记住，当涉及一个处于关键管理职位的姻亲时，离婚率的上升会对企业产生严重的影响（这一统计数据早前被引用过，但这里我们还要再提一下，1965年后出生的美国女性的丈夫要比孩子多）。在离婚之后，一些家族能够将家族事务和商业事务区分开考虑，姻亲可以继续在家族企业中工作。另一些家族无法接受,姻亲不得不离开。家族可以通过签署婚前协议,在离婚之后第一时间回购姻亲的股权(参见第2章的婚前协议的讨论)。在考虑是否要将姻亲带入家族企业内部时候,要充分考虑他(她)给公司带来的好处与潜在风险。

从第二代开始的传承通常涉及一个以上的家庭单位。通常,当潜在继承者数量越多,选择将越困难。随着参与业务的增长,潜在的冲突会不能断积聚,特别是当家族不同分支持有相同股权。

聘用职业经理人来管理业务是一个解决方案。但是,如果这些家族想要继续积极参与这项家族企业运作,家族股东就需要制定严格政策来管理其未来的业务。建立信任投票是一种可能。尽管该公司的股份在各个家族部门之间分散,但投票控制权集中在那些负责管理业务的人手中。

如果没有人符合要求怎么办

虽然家族企业所有者投入了大量的情感与精力到家族企业,并且希望看到他们的子女继续这份事业,但存在一种情况,那就是也许没有一个孩子具备经营企业所需的能力,或者他们之间的竞争是如此激烈,以至于没有人会心甘情愿接受另外的人作为传承人。当经过一番实事求是的评估,结论是家族公司成功过渡到下一代的可能性很小,所有者应该开始寻找一些替代方案。

将公司分解

如果兄弟姐妹之间的竞争太过激烈,以至于下一代人无法在同一家公司工作,那么可以考虑到分解公司。假设公司业务能够拆分,那么下一代可以接管不同的部分,然后各自独立开发。但企业不应纯粹出于家族原因而采取这一做法,必须从商业可行角度出发。

销售公司

当家族内部的转变不可能实现时,所有者可能会选择出售业务,而不是强制解决传承问题。出售的决定很可能是痛苦的,与将公司转移到下一代相比,同时也会带来一些不利的税收后果。

重要的是要尝试将情感因素从财务考虑中剥离。对于那些不愿意考虑出售企业的卖家,一个很好自我实验方式是假设出现了一个潜在买家,他说:"如果今天下午我将一个2000万英镑支票给你,你会把钱放进银行,或房地产、股票市场,或者你会买一个类似你公司的企业?"最不可能的回应可能是"不"。这个问题很少以如此直白的方式提出,但虽然如此,出售公司可能是保护业主的财务安全和家庭和睦的最佳选择。

任命非家族成员经理人

许多家族决定雇用外部的职业经理人,如果家族成员不能接管的话。核心问题是信任——家族的主要财富储备是否落入旁人之手?然而,在企业中,家族成员意识到他们在扮演这个角色时会遇到的问题,往往更喜欢向一位受人尊敬的职业经理人汇报工作。

一旦家族企业被传承到第三代,外部管理者的任命就变得尤为重要。在这个阶段，可以有几十个家族成员持有公司股份。引入专业管理，往往是对传承问题的唯一现实解决方案。

有时，家族试图避免求助于外部经理，而是任命一位为家族工作多年的高管来担任领导职务。这可能是一个高风险的策略。因为这样的管理者几乎没有机会培养所需的领导能力，并且经常受到来自家族的巨大压力，要求他们采取管理职责。在这种情况下，如果没有一个强有力的领导者能够推动企业前进，企业就会开始走下坡路。

搭建桥梁

如果家族传承的障碍是暂时的（例如，如果继任者还没有准备好接手企业所需要的经验），那么就可以任命一个临时管理人来管理公司，直到家族内部的转变发生。作为一个桥梁，他通常是一个职业经理人，期望得到丰厚的报酬。

这些职业经理人通常也会扮演托管人或者职业导师的角色。这些临时企业托管人是下一代的良师益友。对于家族下一代而言，从这位职业经理人那里获得建议要比从父母那里获得更容易，而且托管人也承担了监督家族下一代的职业发展计划的角色，以帮助他们在未来的商业中做好领导的准备。

关于选择合适传承人的总结

关于本节分析的总结，家族企业的所有者必须实事求是地评估下一代成为商业领袖的能力。如果一个儿子或女儿缺乏这种能力，家族企业所有者必须正视这一点，因为和其他许多家族企业经营问题一样，掩耳盗铃只会让事情变得更糟。

勉强提拔继任者对他们和公司都没有好处。除了破坏企业，让任何家族成员从事超出其能力范围的工作，可能会导致其他家族成员之间的疏远，可能危及个人的职业生涯甚至生命。考虑引入一个局外人来管理公司的家族成员，如果家族成员仍然希望参与进来，可以分配其他的角色给他们。

判断某人是否有能力胜任这份工作是有风险的。虽然他们现在可能无法胜任这项工作，但他们将来可能会发展自身能力并且能够胜任这个职位。因此，保持好平衡是很重要的，一方面让这些能力不足的家族成员不参与公司接班人竞争，另一方面也要给他们机会去成长进步。

第三方的建议扮演着重要角色，无论是企业继承者对未来职业发展，还是客观地分析下一代人的商业敏锐性。重要事宜企业所有者客观上评估继任者商业智慧，发挥着重要作用。第三方可能是非执行董事，或公司的专业顾问，或可信的非家族成员经理人。至关重要的是，被选中的第三方本人需要了解家族生意，受到上一代与下一代家族成员的尊重，并能够将导师的角色与家族成员的角色结合起来，并为家族上一代和继任者提供坦诚的建议和绩效评估。

有时很明显，一个家族成员成长为家族领袖是需要时间的。在这种情况下，有效解决办法是雇用一个短期的托管人，直到家族内部发生转变。

准备好下一代经理和领导人

传承应该包括组建与下一代良好伙伴关系。父母必须承担起责任，特别是确保他们的孩子接受一个良好而广泛的教育，包括精心教育他们，从小培养自尊心；孩子需要学会理财和投资；在加入家族企业之前，扩展外部工作经验；如果他们真的加入，则制定相应教育和培训计划，这对他们来说是有意义的，也是值得的。

正如我们在第4章中讨论的，许多企业家认为他们的孩子一定会接手企业，或者是为了让孩子们进入家族企业，而给他们施压。其实在家族下一代的成长过程中，尽量保持开放的心态是很重要的，并且不要忘记孩子们对家族生意的感性认识来自家族上一代。如果他们经常听到家族成员们抱怨管理公司的诸多问题，他们很可能会回避加入企业并选择其他职业。同样，如果孩子们生来就认为作为家族的一员代表着一种至高无上的传承，是他们的命运，那么他们会认为加入公司是一种简单的选择，或者是一种与生俱来的义务，而不是一个机会。在孩子们成长的时候，让他们完全不了解的家族生意的状况可能是不可取的，因为家族会在这个过程中不经意传达一些信息，这些信息可能使得孩子们认为自己将永远不会在家族企业中追求自己的事业。

家族上一代应该试图寻找到一种平衡方式，让继承人愿意分享他们的人生梦想，确保家族不会过分给下一代施加压力，让他们觉得自己别无选择，只能参与其中。告诉家族下一代运营企业中值得振奋人心的部分以及困难与挑战都会有所帮助。让他们得到第一手在公司工作的经验也有诸多裨益,比如在校期间或者假期在该公司实习。但家族上一代始终要平衡对下一代加入家族企业工作的热情与期许,明确家族将理解并支持下一代职业选择。

有时候在企业工作的非家族成员经理人也经常充当下一代的职业导师。家族下一代可能会发现从这些职业经理人身上接受建议比从家长那边更容易。职业经理人扮演着监督家族下一代的职业发展计划,为他们未来在企业中担任领导职务做好准备。

在企业内的培训与成长

在许多传统家族企业中,最典型的传承人的晋升途径包括担任公司内部的一系列职位,有时从底层开始。在一些企业中,学习每一份工作都是很有价值的,但是管理能力的发展是一个漫长的过程,我们应该注意不要"为了工作而工作",浪费时间去做那些无意义的工作。总的来说,重要的是要确保所有的培训都是有价值的,并且适合在继任计划中制定的职业发展战略。

要意识到,由于情感的介入,家长可能会成为很差的老师,所以帮助年轻的家族成员加入公司后,与公司的非家族高管建立一种"亦师亦友"的关系是极为重要的。一位在公司工作了很长时间的高级经理,他很了解公司内部的业务,这将很好地扮演"老师"和"朋友"的双重角色。对于一个加入家族企业的年轻人来说,一段导师关系可以在很大程度上不受家族关系的情感因素的影响,这很有价值的。

重要的是要仔细定义下一代角色,设定目标并提供反馈。冲突和不确定其在业务中的职能可能是紧张的主要来源。年轻的家族成员需要知道他们在工作中所期望的是什么,他们也需要定期对他们的表现做出反馈，包括对他们的工作成果的认可和对他们工作和领导力发展方面需要的改进，提建设性意见。

最好的培养计划是为家族下一代量身定制一套系统性的活动。从审视个人并判断他们的能力、优势和发展需求开始。对于大多数人来说，重点是要一直关注他们加入公司需要什么能力，而不是拥有或领导公司需要什么能力。知识技能转移到下一代应该伴随着行为学习与实践经验学习。重要的是在年轻人心中树立信心，使他们能够相信接手并做好这份工作。接下来是团队发展——从个人评估中更好地了解团队的发展动态。在团队中各方面能力得到提升与培养，比如团队影响力——如何在组织工作中产生影响，以及团队沟通能力和有效并建设性地处理矛盾冲突。最后是家族代际和管理层的引入——决定是否让家族其他后代和非家族高管共同参与家族后代的接班培养。

IMD商学院的家族企业和创业学教授约阿希姆·施瓦斯（Joachim Schwass）就有效的接班人培养发展战略得出了一些结论。他认为，如果将成长为商业领袖理解为一个管理的过程，那么这就能更好地推动下一代接班人的培养：

> 从过往家族企业的领导管理经验中我总结出了3个重要的教训：第一，企业接班人必须服从职业发展计划；第二，企业接班人必须系统地规划自己对家族和商业关系未来的设想；第三，由家族后代到企业接班人的角色转变应该是颇为正式的庆祝活动。从基于公司增长的角度而言，企业传承是源于个人发展和自律的阶段性过程。正是这种谦卑，再加上一个透明的领导角色发展过

程，可以证明继任者有资格担任领导职务，并有可能获得家族和其他人的支持。

从下一代人的角度

在家族企业的下一代有独特的机会为自己建立一个富有挑战性又丰富多彩的职业生涯。其中的优势显而易见：公司业务已初具规模并稳步向前；家族企业工作颇有保障，并且可能提供颇具吸引力的报酬；这份工作也非常有意义；从个人角度而言，家族成员在公司内部和外部都享有特殊地位，而且很有可能未来有一天他们会变成企业的领导者和所有者。

然而，这些优势是要付出代价的。家族企业通常不是多元化企业，可能很难应对市场的低迷。如果家族成员比较顾虑家族企业能否长远发展，并且致力于寻求旱涝保收的职业发展路径，那么家族企业可能不适合他们。如果他们加入的原因不正确（例如寻找避风港，或者因为他们没有考虑到未来家族企业生活复杂性以及他们需为此付出承诺），这可能是他们一生都会后悔的决定。

在加入家族企业之前，下一代应该与企业创始人或其他年长的家族成员和公司董事讨论此事。如果他们真的加入了，也应该是因为他们承诺愿意加入的，而不是出于别人的期望或寻求人生捷径。他们还应首先获得外部职业经验。一旦决定加入，他们应制定长期培训计划，加倍努力工作，通过自身行为和对公司的奉献赢得员工尊重，拒绝行驶特权。

家族下一代通常在上一代人的退休过程中扮演重要角色。如果与家族上一代的关系主要集中在工作领域，努力拉近彼此关系是一个很好的出发点。努力了解退休对家族长辈意味着什么，鼓励他们讨论内心的希望和恐惧，认可他们过往的丰功伟绩，并根据之前的讨论帮助他们制订和实施详细的继任计划。如果他们担心退休时自己会变得没有用，家族下一代可以看有无机会能让上一代退休后继续投身公司事务并保持一定的参与度。这种基于沟通和相互理解的连贯性战略为家族接班人与上一代构建良好关系夯实了基础，并帮助他们跨越家族传承过程中的情感障碍。

古老家族企业的传承

正如我们讨论，家族企业从第一代传承到第二代的方式主要由企业创始人的性格所决定，所有问题的复杂性都来源于创始人的双重角色：作为家族家长和公司雇主。这也是为什么他们对于放弃控制的态度摇摆不定，也不愿面对年龄和死亡。相比之下，之后家族代际的企业传承，更有可能取决于公司规模、公司性质以及市场情况。

家族第二代至第三代

从第二代到第三代的转变通常更容易让家族适应。他们已经成功地跨越了从第一到第二代，也从这些经验中学到了很多东西。

此外，第二代的成员有很多优势：他们继承企业的时候家族事业蒸蒸日上；第二代人可能接受了比第一代接受更好的教育；

当涉及商业管理时，第二代可能会更有管理技巧；家族第二代代表一种新的热情和活力，使企业迈入新的扩张和增长阶段。

然而，有一些接班人在充满保护和没有经济顾虑的氛围中长大，可能不会拥有他们父母对家族企业的奉献精神。他们的加入是出于一种义务感，缺乏为之奋斗的动力和承诺，这些可能会影响公司的发展，往往伴随着家族关系的恶化。

第二代家族成员面临着与企业所有权相关的特殊问题。尽管创始人可能享受着对企业100%的所有权与控制权，但他或她的接班人发现自己需要与另一位领导人合作，他们可能或多或少不完全支持。当家族第二代考虑企业传承时，他们必须面对与创始人类似的问题，并且这问题规模要大得多。当第二代人来决定孩子们中谁来接管公司时，通常会有很多的继任人选（这种情况通常会因为第二代每个人拥有一致的投票权和未解决的历史冲突而加剧）。（堂）表亲关系会成为一个问题。（堂）表兄弟姐妹的一方父母是在家族之外长大的"外姓人"，因此他或她可能会持有截然不同的价值观。正如第7章所指出的，这种多样性意味着，在从第二代到第三代的企业传承过程中，一项重要的挑战是（堂）表亲之间有效的沟通、领导能力和不同的管理技能。

家族第三至第四代及以后

到第三代掌舵家族企业的时候，已经有了一个成熟的企业和不断扩大的家族成员圈子。正如我们所看到的，第三代的一个重要特征是它的多样性。一些姻亲可能会像兄弟姐妹一样参与公司运作，他们的价值观和观点大相径庭，而且他们自己也有孩子。此时家族的多样性在于，并不是所有的孩子都来自同一个家庭。

有些人长大后热爱自己的家族企业,因为从小耳濡目染来自父母的教育；一些人会讨厌它,因为他们觉得被困在里面。在这个阶段,关键是要有制定某种股东退出机制,让那些想要退出家族企业的人有所选择。

除了那些影响每一代人的问题之外,从第三代到第四代的战略问题,主要围绕方向和目的的偏离。创始人的动力、雄心和目的性可能变成了家族历史上的一个有趣的故事,最初的目标可能已经被一些不断变化的世事所取代。家族成员往往感觉到自己陷入了两难境地,一方面深感被家族旧的传统包围,渴望摆脱家族历史的枷锁；另一方面不敢放弃自己手中的股份,担心他们将扮演叛徒,出卖100多年的家族传统。

在这一点上,要么公司被出售,要么第三代和第四代的成员必须重新创造愿景,通过调动家族的热情和对未来的承诺来重振业务。

新一代,新系统,新文化

在第2章中曾介绍过约翰·沃德分析认为了解家族企业的所有权结构通常是理解其内部真实情况的基础。他是第一位引起人们注意到家族企业的所有权是通过一系列的顺序来实现的,这反映了家族企业的老龄化和扩张：先是所有者经营的企业,其次是兄弟合伙,最后是(堂)表亲联盟。在传承过程中,重要的一点是,无论是从单一的所有者到兄弟合伙关系,还是从兄弟姐妹关系到(堂)表兄弟公司,这不仅仅是人员的改变,而且还是整个企业系统的改变。简而言之,所有权传承相当于引入一种不同类型的业务结构、不同的文化、不同的工作程序，以及不同的基本规则要求。

在第一代，家族企业文化核心是颂扬创始人本身的英雄事迹，他白手起家创建了一个庞大的商业帝国，并在逆境中继续引导它。相比之下，兄弟姐妹合作经营的企业文化是为了庆祝团队合作的成果，而没有人会被单独视为英雄。因此，在所有者管理企业时起作用的领导方法，并不适用于兄弟姐妹合伙的企业，甚至可能是一种灾难。如果兄弟姐妹观察他们的父母取得成功的诀窍，并试图在兄弟姐妹合作阶段模仿父母做事方法，通常会带来失败。

更复杂的是，这些制度和文化的演变不是一夜之间发生的。大多数传承都有一个过渡时期，在此期间，系统逐渐完善。根据几代人的年龄分布，这些重叠的时期可以持续20年。因此，从所有者管理到兄弟姐妹合伙管理，随着企业所有权传承进程的发展，企业会失去一些第一代管理的特征（例如英雄主义文化、集中决策等），并获得了更多的伙伴关系特征（共同的愿景，有效的团队合作等）。在此过渡传承期间混合夹杂了很多，这对每个人来说都是非常困惑的。

其中一个造成这种混乱的原因是，即将退出历史舞台的所有者管理系统中的行为、策略和方法不再适用于新的系统。这就产生了一种双重需求：忘记或者"去学习"之前的工作方式，明确并掌握之前不需要但目前需要的技巧与能力。不足为奇的是，对参与这场家族所有者体系蜕变的人来说，理解和适应是很有挑战性的。举个例子，从所有者管理的模式到兄弟姐妹合伙的模式进程，通常会经历很长时间，在进程中兄弟姐妹很可能需要在上一代所有者手下工作一段时间。上一代人不仅很难理解团队合作，也可能认为这是软弱的表现（集体决策速度慢，过程非常烦琐，没有人是真正的老板，所以员工感到混乱并难以判断等）。

需要理解的是，当第三代走向管理者的舞台之时，企业传承涉及的变化不单单是人员，还有整个系统。兄弟姐妹们正在看着即将到来的下一代（堂）表亲们，并试图找出随着家族多样性增加而增加的复杂性，目标的统一将会得到维持。但是，家族第二代不能认为在他们工作中惯用的东西也会为家族第三代所惯用。他们也不能假定这些（堂）表兄妹会像他们那代人一样行事。家族第二代通常会忽略第三代之间的共同点少之又少，他们各自不同的认知系统中包含不同的价值观、规则和处事方式。他们也可能忽略了（堂）表亲需要应付的额外的复杂性，从而忽略了（堂）表亲管理企业的时候需要引入的额外结构、形式和治理系统。

如果用体育运动进行类比，第一代的家族所有者管理模式好比是比赛中表现出色单打网球选手，他们只能参加单打而不擅长双打，因为他们不擅长进行团队合作。而家族第二代的兄弟姐妹的合伙关系好比是一个篮球队，在那里最佳队员很有帮助但是单打独斗无法赢得篮球赛的胜利。而（堂）表亲联盟的公司相当于一个15人组成的橄榄球赛队，在这个橄榄球队中，团队合作是极其重要的，除非队员们能有效地作为一个整体合作，否则球队没有希望取得成功。在某种比赛中取得出色成绩的性格特征和行事策略可能会在另一种比赛中证明是一种灾难。

在3种家族企业中取得成功的不同因素——在所有者经营的企业中的英雄主义、兄弟姐妹合伙企业的共同愿景和（堂）表兄弟公司的有效治理体系——这些都强调了可行性是在传承过程中关键考量问题。举个例子，那些所有者经营的家族企业，如果没有拥有兄弟姐妹合伙企业所需的足够的必要因素，则会朝着不合适的、潜在的破坏性目标前进。

在任何传承中，家族上一代都需要扪心自问今天的这些条件能否让企业成功地传承给下一代。当存在不确定和怀疑的因素时，就有必要努力培养和巩固适当的条件，并仔细斟酌情况，观察业务所需和家族能力。如果答案显然是"不"，家族成员需要正视这样一个事实，即他们的计划既不可行也不明智，在这一点上，应该评估其他解决方案，包括让出股东席位。

最后，约翰·沃德对传承中跨代际团队合作的问题进行了研究。两代人都会面对企业传承的问题，正是这种跨代的集合点，经常帮助家族成功地协商有关传承过渡的问题。

FAMILY BUSINESSES
THE
ESSENTIALS

第 9 章

建立财务安全，放弃控制权

财务安全对于家族企业所有者的退休是很重要的。这可能是显而易见的，但许多企业主忽视了他们的个人财务。即使最基本的个人理财计划也涉及一系列越来越复杂的产品和策略。对于企业主来说，这种选择是非常困难的，很少有人愿意或能够花足够的时间来正确规划他们的未来财务。同样，那些拥有成功企业的人通常认为，企业本身就是他们的"金库"——在某种程度上，它就像一个"下蛋公鸡"，会在他们退下来的时候产生出他们所需要的财富。这很可能是真的，但这个结果包含了许多并不是理所当然的假设。

有时前方的路是清晰而简单的。如果所有者有足够的钱投资于企业之外，以提供安全的退休生活，并且他们有计划地安排企业传承管理，那么他们可能想把手中的家族企业股权传给下一代。本章后面将讨论完成把家族企业传承到下一代这一任务的最佳方式，这就要考虑清楚"业务的连续性、流动性和家族需求"这三项家族继承规划基石。确保所有权最终在下一代人手中，可能需要以不同的方式对待家族下一代,这取决于他们是否积极参与商业活动,并将投票控制权转交给选定的接班人。信托的用途也值得发掘。

一些家族所有人没有找到合适继任者,或者他们觉得家族关系只有当公司消失掉才会改善。可能这些人已经厌倦家族企业事务并且渴望寻找新际遇与新冒险。在这种情况下,最佳答案可能是出售公司。企业主在孩子们一系列争吵后做了最新的评论,他说:"我重新考虑出售公司,我一直在为这个家族寻找机会!"

因此,在本章的第一部分,我们的目的是探讨为退休的企业主提供财务保障的方法,以及在做出决定的情况下如何出售业务。可以考虑不同情形下税收的影响,但是没有必要在一开始就仔细计算。税法与相关法律法规非常复杂,并且定期会修正,在确定要走哪条路之前寻求专业税务人员建议是很有必要的。

保险和股份购买协议要等保证家族股权能全部退出,这一方式也会讨论。这种机制对于解决家族企业第三代及以后由于代际更迭而产生的复杂问题是至关重要的。

建立金融安全

家族企业的老板们往往习惯于一份丰厚的薪水,以及价值不菲的福利,比如公司的汽车、私人医疗保险等。但如果他们在退休后继续拥有业务,这种财务状况可能会突然改变。除了可能的税收问题之外,他们能从企业中撤出的资金,将受到其支付给即将离职和即将到来的几代人的工资的限制(图9-1)。

如果大部分即将退休的家族上一代资产与公司紧密相连,他们的退休收入将取决于下一代能否成功地经营公司。这可能不是一个问题，但一些企业主被迫由幕后回到台前，从不合格的下一代手里重掌企业，以保护他们自己的财务安全。这种情况也会演变成一种情感上的敲诈。在这种情况下，退休的家族上一代垂帘听政，充当顾问的角色，但有人担心顾问建议的内容是为了保护他们的收入不受业务影响。同样的担忧也会越来越普遍地出现在上一代人给下一代人股权时候，比如说，上一代人答应传给下一代60%的股权，前提条件是家族下一代需要花钱购买剩余的40%股权（通常是在贷款担保帮助下）。在这里，年长一代的建议可能

图9-1 拥有成功企业的人通常认为，企业本会在他们退下来的时候产生出他们所需要的财富。这很可能是真的，但这个结果包含了许多并非理所当然的假设

是希望收购公司股权价值达到最大化，或者至少不会危害股票购买平衡的价值。

是否将钱投入自己的公司

财务安全是成功退休的重要组成部分，但对于企业主来说，有两种想法可以帮助他们实现这种安全。一般来说，他们可以制定一项公司政策，在其任职期间持续不断地将资金从业务中抽出，另一种方式是将资金留在资产负债表中，使得公司的资产负债表逐步积累，到退休时通过重组将属于家族上一代的财产转移给他们。

长期来看，从企业抽取现金（用于养老金计划、人寿保险政策、储蓄计划等），可能会严重消耗公司的资源。有时，它会严重影响公司财务情况。然而不取走现金，而是将原本属于自己的财务留在公司账面不断扩大其资产负债表，会使企业所有者面临风险，比如如果企业在未来某个阶段遇到市场不景气，其影响将波及企业上一代家族成员个人财务事务。

没有绝对正确或错误的解决方案。这在很大程度上取决于个人情况，尤其是现金流和总体弹性的相关业务。从业主的角度来看，如果企业能够适应这种长期的现金抽回，那么该计划当然具有优势：它可以保护企业所有人的个人财富免受生意失败的影响；使企业所有人能够分散他们的资产，腾出资金投资于均衡和多元化的投资组合；并且在机会出现时，企业所有人可以通过在市场之间切换来最大化投资回报。

有一种策略处于持续从公司抽取现金和把钱留在公司资产负债表里两个极端之间。一个比较流行的方式涉及商业物业，其中企业所有人借个人贷款购买公司所需的商业物业，然后以租赁的方式租赁给企业，租赁费用争取差不多足够偿还贷款利息。这个贷款以企业所有人的养老基金为担保，所以这笔贷款利息未来等企业所有人退休后会返还给企业所有人。很多业主成立了自己的房地产公司，为了与企业签订租赁协议。在早期阶段，这种安排不太可能有盈利，因为租金收入会扣除利息支出，但在5年之后，租金收入上升，项目操作盈余可观，项目的资本价值就会变得很明显。这个资本的价值是建立在对所有者有利的基础上的。

许多其他技术可用于从家族企业中提取财富，以便在家族上一代企业所有人放弃控制之前为企业所有人提供财务保障，包括企业购买一部分企业所有人股份，企业所有人部分清算和出售股份（见第8章的案例，儿子从家族中购买股票）。实际上有很多选择，所有这些选择都需要根据个人和商业环境来定制，在这里进行详细的分析是不现实的。类似地，这不是广泛讨论家族企业主个人理财计划的地方，这两个领域充满了复杂性，在做出任何决定之前都应该寻求专业的帮助。税务专家、家族企业顾问和个人理财专家可以帮助业主设计出适合他们，以及适合他们家族和企业的方案和方法。税务师、家族企业顾问与个人理财专家可以帮助企业所有人制订方式与计划，寻找到最适合他们的一条路径。

出售企业

当企业所有者发现没有一个适合的继承人管理家族企业的时候，或者企业之外并没有足够的资金支持其退休，又或者下定决心寻找新的征程，将企业出售将是最好的选择。

艰难的决定

尽管有诸多恰当的理由需要出售企业,同样可能有恰当的理由不出售。支持出售的因素可能包括个人流动性不足,需要为退休提供资金支持,行业整合,接受一个不错的报价,没有合适的继任者,未来家族关系的不良预测等。反对出售的因素可能包括认为企业是家族的一部分,家族的一项重要遗产,最好的长期投资,给下一代留的机会,传承给孩子们的礼物而非一堆现金,并且对员工来说也很重要。对金融和商业相关的考虑(在支持卖出的理由中占据主导地位)异常重要,但这一过程也可能会引发一些情感上的困境。

一些企业家能够辛苦创业(在支持不卖出的理由中占据主导地位),把企业建立起来,却又要卖掉,重新开始,对大多数企业家来说,这并不是容易的,对他们的努力的性质和结果要采取冷静的态度。随着时间和精力的投入,在开展业务的这些年里,也有一种情感上的投资,这种投资的真实程度只有在考虑出售时才会显现出来。家族企业具有独特的特点,在出售后会受到威胁,许多员工可能是亲密的朋友,如果公司被出售,尤其卖给竞争对手,会给所有者带来背叛的感觉。公司经常遭受"卖家悔恨"的痛苦。很多时候,卖家后悔卖掉了自己的房子,并为把家族和生意分开而感到内疚。如果企业是代代相传的,这一点尤其典型。避免"卖方悔恨"的关键是正确理解销售业务的动机,以及与家族成员进行事先规划、仔细和坦率的讨论。此外,如果购买者决定重组公司,比如引入新的公司理念,或者将重点转移到不同的市场部门,也可能会出现问题。

有时，虽然企业被出售，供应商和其他一些经理可能会继续为公司工作。人们很容易相信这将有助于减少一些问题的影响，但卖家的期望值不应过高。在谈判过程中，许多买方可能会对美好的公司前景充满期望，但最终买方可能会将卖方的雇佣合同视为需要添加的额外对价款。此外，一旦销售完成，官僚机构与许多大型企业的文化与小型家族企业的文化格格不入，企业所有人通常会发现转型极其困难，并非罕见。

交易机制

寻找买方，给企业估值，就销售进行谈判，都是围绕企业出售的重要话题，不在本书的讨论范围之内。然而，在本章节中，一些值得注意的点和广泛的指导原则将被囊括在内。关于寻找买方，在最近一项英国的调查报告中，大约90%受访的家族企业指出有一项方法已经在六七年前开始准备。

在估值方面，尽管有一些误解，但并没有完全客观或科学的方法来评估企业价值。谈判价格将代表多种因素的混合，包括资产价值、收益、增长率和周期、收益率、与其他公司的比较、税收考虑，以及公司的市场供求情况。谈判通常是由专业人士而不是企业所有者参加的，参与谈判者应详细规划谈判内容，而非随意对待。税收问题也将对交易产生深远影响。

股权占比是很有用的，它能使一个大股东强迫一个小股东参与出售公司。许多顾问发现自己处于商定出售家族企业的情况，所有的股东都表示他们愿意接受条款，而就在合同即将签署时，电话铃响了，是某位叔叔从他母亲那里传承了几份股份，他会说："我认为价格还不够。"为了避免这种情况发生，需增加条款到该公司的协议中，有效地迫使小股东，接受其他股权卖家的价格、条款和条件。

股东退出的机制

根据现行法律和法规，有5种方式可以实现财富与业务的联系，从而使现金可以在退休时及随后由家族来享受：
- 贸易销售；
- 向私募股权收购者发售；
- IPO上市；
- 高管（或者员工）买断；
- 清算。

毋庸置疑，采取上述任何一种股东退出方式，都需要寻求专业意见。

相比较于卖给业界外不懂这一个领域的买家，将生意转手给业界人士，通常能够卖一个好价钱。在大多数情况下，企业所有者会在出售当天直接收到现金。设计销售的合同是一件极其复杂的事情，并且涉及买家的一系列要求。

近年来，机构投资者以一种私募股权基金的方式部分或者全部买走目标公司的股份，这一种模式颇为流行。相比于卖给竞争对手，这种方式更有助于保守商业机密。

大型公司的所有者通过这种方式可以实现个人财务的流动性，并且通过IPO募集更多的资金，但是对于一些创业者而言，将公司上市很难实现脱离公司，实现"退休"。股票市场对于公开募股所关注的是招股书，以及是否有投资的潜力。一些只是想通过IPO实现套现的公司，显然很难得到投资者的认同。所以，建立优秀的高管团队显得至关重要。

仔细思考再决定融资方式至关重要。没有两家公司完全一样,每一种情形也没有绝对的对与错。对于一些家族企业而言,上市这条路径几乎可以完美解决一些问题,而对于另一些公司来说,上市意味着更多的责任,同时公司需要关注短期的发展,而这些上市带来的不利影响也很大,这也解释了为什么很多已经上市的公司想方设法私有化。

另一个选择是管理层收购,这个方法可以为许多问题提供解决方案。一个优秀公司的发展壮大,离不开创始团队不断更新扩充,吸引外部或者内部优秀的人加入。既然可以将公司卖给外部人士,卖给家族人员,卖给被提升的员工,那么为什么不卖给这些管理层?尤其是该公司可能会为其保持身份,避免所有者在出售给外部机构时面临一些道德困境。这种类型的退出还可以保护品牌资产、关键业务数据、商业秘密和具有商业敏感性知识的有价值的员工,防止它们被转移到竞争对手手中。

然而,管理层收购有两个很大的困难:第一,在筹集资金的过程中,经理们会将大部分精力投入与风险投资家的谈判、起草商业计划和准备机构报告中,而且他们也有可能停止对管理业务的适当关注。即使他们成功地筹集到资金,公司生意也有可能在这个过程中受损。第二,如果经理们没能筹到钱,每个人都会回到他们开始的地方,除了他们几个月来一直在工作中分心,他们的希望和抱负都破灭了,由此感到失望和不满。

企业所有者期望为他们的企业获得收益也具有两面性。相比较于一个谨慎的、注重成本的、拥有收购经验的外部人士,管理层收购受欢迎的部分原因源于一个忠诚的管理团队,对业务非常熟悉，可能会为公司付出更多。相反，管理层收购失败了，是因为团队对业务了解太深，不愿意尝试提出任何类似要求的价格。

员工信托有时是实现员工收购的最佳途径。信托公司代表员工永远持有股票，也可能将其分配给个别员工，或二者的组合。有时，信托公司可以从想要出售的员工手中回购股票。在许多国家，将股票投资于员工信托具有税收优势，使用信托也可能是提高银行融资以获得股份的好方法。

最终的选择是清算业务。在自愿清算中，清算人被指定出售公司的资产，偿还债务和清算费用，并将现金盈余分配给股东，然后公司就解散了。这一程序带有破产的含义，但它完全合法，实现从业务中获得现金收益。它可以是一种可行的选择，特别是在不涉及大的关闭成本和大量冗余的情况下。通常清算不太可能产生和销售业务一样多的利润。

传承企业

到目前为止，我们主要集中于业主调整他们对业务的兴趣和在他们有生之年变现的方法。以下这一节以家族企业最有效的传承方式——将其赠予或遗赠给传承人。在许多国家，家族企业在赠予或者遗赠时，可以大幅减少或延迟缴纳的税款，但这需要提前规划。在尽可能早的情况下，业主需要决定他们的长期目标，并通过直接传承所有权或信托来等有效方式，为后代创造价值。

传递家族价值观

在讨论遗产规划的原则和实施之前，最好先思考业主可以通过哪些方式传递家族价值观，以及他们去世后企业应该如何继续经营的想法。

这往往是两极分化。许多评论人士反对这样一种观点：上一代人总是试图控制下一代人，通过一些条款"企图从坟墓中跳出来"，指手画脚。例如，家族企业中的一些长辈对如何组织企业有明确的想法，有时也包括在他们身后应该如何组织企业的问题。对于他们的继任者来说，这原本善意且有益的遗嘱指导方针，会被理解为一种限制和控制欲，对下一代和企业都有潜在的破坏性影响。例如，一些遗嘱规定接班人只能将其股份出售给其他家族成员，或者出售收益必须平均分配给接班人的兄弟姐妹。上一代人离场留下的涉及股权的附带条款在当时场景下，可能是合乎逻辑且合情合理的，但20年后却成为一种无形的桎梏，使得接班人们在治理企业的时候束手束脚。

伊万·兰斯伯格对于家族生意治理之道强行传递给下一代，持有反对意见：

"家族的上几代领导人认为去定义家族企业未来的发展愿景是他们的责任。为了能够表现出他们自己的倾向喜好，以及减少与亲戚之间的摩擦，他们会聘请专业的咨询团队去定义一个远超过他们任期的家族治理方式。这样的努力是带有误导性的，这也是为什么许多家族信托都是由于家族不信任而产生的。我们并不是建议现任领导人完全放弃他们的责任，但他们必须为下一代人创造条件，探索未来的治理方案，并评估他们的可行性。"

简而言之，那些在世的和经营企业的人应该有权利并灵活地做出适合企业的决策。

然而，正如兰斯伯格所说，这并不意味着领导者应该放弃他们的责任，或许更好的方法是让家族上一代人更多地关注如何将他们的愿景和价值观传递给下一代，而不是在治理结构或转让股权方面加以限制。毕竟共同的目标，以及帮助实现这些目标的指导价值和原则，为家族企业提供了坚实的基础、实现长期竞争的优势和可持续性发展的空间。因此，对家族企业继任者的指导可能是有实际价值的。这种设立"道德遗嘱"的方法越来越受欢迎，尤其是在美国。

道德遗嘱不是传递"看得见、摸得着"的资产，它通常是一份书面文件，旨在保存和传播老一代人通常更珍视的遗产——价值、信仰、道德，从生活和家族故事中学到的教训，希望传递给下一代。当我们离开后，建立道德遗嘱如同通过一种积极的生活方式得以在家人和朋友心中继续活下去。

与临终遗嘱不同，道德遗嘱不具有法律约束力。它们有各种各样的形式。从一封简短的信到一段冗长的自传，从DVD刻录影像到一卷皮革装订的文卷，尽管道德遗嘱传统上是在死后被阅读，但很多人选择在生活中分享他们的道德遗嘱，通常是重要的周年纪念日或者家族里程碑，例如从家族公司退休或孩子们去上大学时。

许多家族企业都重视维护家族的价值观，为企业保驾护航。阐明家族公司历经风霜雨雪、起起伏伏的成功秘诀与核心价值观，以及带给家族的精神满足感可以是一句强有力的声明。讨论家族企业的得道之处并不令人尴尬，包括对诚实、忠诚、善意的坚持，能够站在他人角度思考问题，支持那些支持过你的人，以及支持许多优秀家族企业的其他原则。因为家族价值观在区分家族企业和保持其韧性方面是如此重要，因此家族的远见和价值观念，连同企业和其他有形资产，一同传递给后代是很重要的。

遗产规划原则

当讨论到关于遗产规划，必须考虑到三个指导原则：业务的连续性、流动性、家族的需要。家族企业的有效管理必须提供连续性。主要计划的应该是当家族企业所有者变残疾、退休和死亡，而这三种情形中其实只有"退休"这种情形下能够提前计划。保护家族企业资产的最关键因素是避免公司被迫出售。

至于流动性，无论出于何种原因，家族企业中关键人物的离职，都可能导致突然要求现金支付税款、提供家族支持或提供退休收入。有效的规划需要估计家族未来的需求和提供给他们适当的套现方式，包括支付个人遗产税的必要流动资金。

第三个原则涉及家族需要。评估家族的财务需求，以及他们未来的角色，是遗产规划中最重要的一部分。每个家族成员的财务状况必须牢记，包括突发事件如出生、死亡、结婚和婚姻破裂。在考虑家族与企业的未来关系时，有必要回答以下问题：什么是公平？

公平地安排遗产规划

我们的社会道德准则一般认为，如果没有什么特别的原因，遗产分配的基本原则应该是公平地分给子女们。而公平是一个特别主观的概念。造成麻烦的主要原因通常是这样的假设，即公平意味着平等的待遇（以牺牲一个孩子为代价来支持另一个孩子的困境），先知穆罕默德说："我会更优待年轻人，直到他们变老。那些不存在的直到他们存在，以及那些生病的直到他们好转。"但是，将平等待遇理念应用于家族企业通常具有破坏性和危险性，艾伦·克罗斯比曾研究过家族企业，并概括式地生动描述了这个问题：

"我意识到，对于经营家族企业的人来说，以评判的方式开始看待他们的孩子，这听起来似乎很苛刻，不太符合家长的身份。也许乍一看是这样，但从长远来看，这种方式更有好处，而不是让家族上一代陷入情感的陷阱，对他的家人说：'这一切都是为了你，我为你做了这一切。'然后他们说：'我的4个孩子得到平等的股份'给他们所有的孩子平分了股票，提供了工作，然后等待着孩子们按着既有的轨道前行，他们从此过上了幸福的生活。事实上，这轨迹更有可能被解读为'在这一点上，一切都变得一团糟'。"

不愿在孩子之间做出选择，往往会使下一代在企业中拥有平等的股权，而他们的角色非常不同，他们之间的关系也非常不同。一些孩子会比其他人更善于管理公司；最大的孩子可能不是最适合的商人；有些孩子可能喜欢在家族公司工作，有些可能不愿意在公司工作，可能对它不感兴趣。除了为未来孩子之间的纠纷提供弹药，这样的传承方式（除非引入有效家族治理）也会损害企业。例如，平等的股权可以让企业陷入困境，如果股东的纠纷能被利落地分成两半，就不会有任何变动。相反，如果家族的一方依赖于家族另一方的努力，那么整个家族的财富就取决于其中一部分的成功方向。即使他们拥有平等的股份，他们也没有同等的影响力。所有者可以通过提前考虑潜在的问题，并与他们的传承人分享他们的想法，从而减少冲突的范围。如果他们理解所追求的大方向，他们更有可能接受感知的不平等。问题是，业主通常没有足够多的财产来让他们离开公司，将有其他资产留给剩余的对企业有兴趣的孩子。因为这种理想的解决方案是不可能实现的，他们很可能不得不背离平等原则，将企业的股份转让给选定的传承人，将积极参与企业的继承人区分出来。可以设计继承结构来寻求短期的公平与企业和家族的长远利益之间的平衡。

下面的案例为家族企业的复杂性提供了有益的提醒。即使这一节中的许多建议得到了忠实的采纳，也不可能确保企业未来高枕无忧。在这家公司（成立于20世纪60年代末的一家专业制造商），老板有4个孩子，3个女孩和1个男孩。其中男孩加入了这个行业，很有天赋，对企业发展前景充满信心，而这3个女孩对公司并不感兴趣。可以理解的是，企业主希望他的儿子传承他的事业，并与他的家人协商，获得了他们的理解和同意。在他生前，他将51%的股份留给了儿子，剩下的49%留给了3个女儿。

这位父亲去世后，儿子成为公司的董事长兼首席执行官。6年平安无事地过去了，但市场状况开始恶化，儿子得出结论，需要采取一些高风险的策略来重新定位公司，以确保公司的生存。由于利益冲突，他父亲的遗嘱中看似明智的股份所有权安排却使他的儿子承受了巨大的压力。他的姐妹面临一场财务上的"豪赌"：是否选择相信自己兄弟拥有重新定位市场的能力。当这位父亲生前把所有权安排妥当时，目的之一就是确保女儿的经济安全。当公司几乎一半归家族女儿们所有时，这家的儿子怎么能冒险将企业重组并大规模举债？再一次，通过双方的协议，姐妹们决定处理她们在公司中的权益，除了公司的股份，兄弟姐妹还拥有该公司主要经营场所的所有权。儿子从他的姐妹那里购买股份，从而得到对企业的绝对控制权。与此同时，该公司购买了永久产权物业。由于仔细地计划，这两笔交易都没有纳税，而该计划导致公司一半的可分配准备金通过现金形式支付给了姐妹们。

公司所有权和控制权

公司普通股的所有权和控制权通常包含3个基本权力：管理业务权益，作为股东投票，以及获得股息的权利。如我们所见，如果可能的话，家族企业传承的理想方法是将企业股份赠予工作能力强的家族成员，其他资产赠予对家族企业事务不太活跃的成员。但是，如果股份代表了所有者财产中的大部分价值，这可能是不切实际的，并且有必要考虑至少为活跃的家族成员提供更多的投票权。

有多种多样的方法来分离投票和股权所有权，这将在以后讨论。然而，首先，根据法律法规，遗产规划问题的解决方案涉及人寿保险、分立公司和将所有权条件附加到股份上。

人寿保险

人寿保险是一种利于受益人的人寿保险政策，可以用来为那些不积极从事家族企业业务的继承人提供现金。根据这项政策，他们所获得的现金数额大致相当于向活跃成员捐赠的股票的价值。

公司也可以通过为公司关键人物购买保险政策，为公司回购股份提供必要的资金。实施回购安排，公司可以从死者的遗产中购买股份。健在的股东保留对公司的控制权，而去世股东的股票被公司回购并被注销，已故股东的家属可以变现其股份。

分立公司

一家公司除了主营业务之外，还有大量的房地产资产，目前的所有者可能希望保有房地产，允许后代只拥有交易资产权力。根据设计，家族企业可以成立两家新公司，一家资产交易公司和一家房地产公司。如果情况允许，这一程序可以达到两全其美的结果。

另一种形式的分立，包括将企业资产的交易业务转移到一个新的子公司，而房地产资产则由控股公司保留。如果没有公司间的担保，这将会将房产的价值与交易公司的风险隔离开来。接下来的一代可能会接管子公司，作为获得整体控制权的第一步。

附加条件的所有权

解决这个问题的另一种方法是将股票遗赠给积极和不积极的家族成员，但在私人股份购买协议增加所有权附加条款。可以这样规定，例如，不积极的家族成员必须出售他们的股票给积极的家族成员。如果协议中包含了一个明确的价格计算公式，那么就可以避免在兄弟姐妹之间没完没了的讨价还价和潜在的分歧。

股份购买协议还可以规定，如果一个股东先去世，另一个股东对这份股权进行强制收购。跨期人寿保单可用于资助购买逝者的股权。显然，最好是在股东们健康的时候签订股份购买协议，而且谁也不知道死亡什么时候会降临。通常对于尚健在的股东，确保对公司的所有权是他们最关心的事情，而去世股东的家人通常更在意现金。相比于公司的少数股权，那些不积极参与商业活动的家族成员通常更倾向产生收入的资产，因为少数股权往往可能不会支付股息。

股份购买协议也可以为其他敏感的家族企业提供一个明确的解决方案。正如我们所看到的，一些公司将股份所有权限制在血统家族成员身上，并在股权转让或出售前，按家族优先排他购买的协议执行。同样，如果家族成员身陷离婚诉讼，有的条款会强制他们将自己持有的股权出售给家族。因此，股份购买协议可以提供一种有效的方法来限制所有者的数量和特征，以及扼杀外部潜在敌意投资者购买公司股权的机会。

隔离投票权

如果将家族企业的所有股份转让给活跃的成员是不现实的，那么有许多选择，他们至少可以保证投票的控制权。这里有3种方式：限制投票权股份、投票信托和遗产冻结。公司的普通股资本或普通股可分为两类，只有一类具有完全表决权。

一个公司的普通股票可以分为两种，一种是带有投票权，另一种是有投票限制（例如，100股拥有1票投票权），或者没有投票权。这种股权方式允许所有者将有投票权的股份转让给积极参加公司事务、希望控制公司的家族成员，并将限制投票权的股权留给其他传承人。持有有限表决权股份的传承人可以通过股份购买协议规定将其股份转换为现金。

在第二个选项中，股东投票同意建立一个信托基金，放弃他们的投票权力（但不是他们的股权），投票权授予指定的受托人。信托的作用是集中控制所有参与信托计划的家族股权，并且可以在家族企业所有者在世时候建立，在去世之后也可以继续运营。投票信托的好处随着股东人数的增加而不断放大。因此，当家族企业达到第三代或第四代的时候，这种方法就变得特别有用。例如，福特家族手中持有的公司40%的股权统一放在一个信托计划中，该信托允许家族以一种统一的方式行使权力。除了传承人之间分配业务控制的机制外，这种特殊的信托还包括通过保留一定比例的股息，并将它们转移到巨大的资本池中来产生流动性，以便家族成员可以选择离开或卖掉手中股权而不会影响家族对企业总的控制权。如果企业负责人英年早逝或突然残疾，这种信托计划有助于帮助企业提供连续性的支持和有序的管理。

如果股东较少（例如第二代企业），则可以任命一个独立的"局外人"作为受托人。这种方式可以用于解决少数服从多数的情况之下的僵局，受托人对解决企业战略决策分歧是最有帮助的，这往往会导致双方都有说服力的论点支持复杂的选择。独立受托人必须是一个能够被各方接受，能够公平、公正做出判断的人，投出平衡的选票，他们的角色是作为家族事业的内在调解人。真正无法解决的分歧很少见的，因为只要独立受托人存在，就可以在需要投票前解决分歧。

积极参与家族生意的家族成员可以通过第三种方式保证投票权的控制，即遗产冻结。如果企业主希望分配投票控制权和未来业务增长给特定传承人，可以通过改变股本结构的方式实现。如果在企业资产表中有留存收益，可以选择将其转换为不能赎回的优先股来传递到不积极的家族成员，将普通股票留给积极的家族成员。这一过程通常被称为"遗产冻结"，因为资本重组发生在所有者尚在世的时候，其会将部分资产转化成为优先股，而非直接传给下一代。优先股的价值实际上是固定的，从而使优先股持有人可以在维持现水平上冻结资产的价值。积极的家族接班人则可以获得普通股。当然，这些普通股更具有风险性，但是却可以从公司未来业务增长中分到一杯羹。

在目前的情况下，改变股本结构可能是一种满足不同类别传承人主要需求的方法。作为普通股东，积极的家族成员承担着更大的风险，但他们有权享受公司未来利润增长的回报。不积极的家族成员有权获得其优先股股息作为当期收入，以及在公司清算时的优先地位。

实施资产传承计划

在缺乏足够的规划、遗产税和其他税务责任的情况下，家族企业的股份转让可能会导致成本高昂的问题。赠予家族企业股权可能会导致资本利得税或者遗产税，或者二者都会涉及，取决于交易的架构细节以及企业的特质。所以在实施继任计划之前需要专业的咨询公司来帮助。这本书不是一本税务指南，因为家族遗产传承带来的复杂税务问题以及每个家族企业会遇到的独特的情形，需要寻找专业人士协助解决。

然而，最重要的一点是，股东需要认识到，家族企业战略推进不应由税务影响来决定（尤其是考虑到税收设立背后所包含的政治立场）。例如，如果家族上一代因为税收而拒绝安排继承事宜，保持对家族企业的股权控制（以及由此产生的管理影响力），家族下一代可能会对此颇有微词。

信托及其作用

信托在涉及企业转让和转让后的控制的问题上有很大的作

用。信托的主要优势是，它将资产的控制权和管理权从所有权中分离出来，通过在建立信托时的法律安排来实现。信托是三个当事人之间的法律关系：委托人、受托人和受益人。

委托人是设立信托并为其提供资产的人，还对如何使用或管理资产，以及谁将从中受益进行了说明。受托人是委托人指定对信托财产控制和管理的人或团体。最后，有一个人或一群人将从信托所拥有的资产中受益，称为受益人。信托协议可以明确指定受益人，也可以是一个群体如财产分配者的子女或孙辈。信托定义的受益人甚至可以包括还没有出生的个人受益者。

总结一下，信托是一种工具，可以使财产交给另一个人或机构管理，目的是使得第三方获益。在家族企业中使用信托工具有时会受到批评，因为这使得企业管理和所有权之间产生了脱节。家族企业一直被理解为一个家族共同的价值观体现、共同的经济利益实现和能够持续发展经营的地方，是因为家族的持续参与企业控制和企业经营才得以发展至今，所以一些家族不愿意遵循家族信托的指令，因为感觉他们才是企业真正的所有者。他们更倾向于把自己作为股东而不是受益人，在家族遗产中发挥他们的主动作用，如果需要做出艰难的决定，也会承担起自己的责任。尽管如此，信托确实能使公司以一种合理避税和灵活的方式传递给下一代，因此，它仍然是家族企业遗产规划中一个颇为流行的方式。

信托的不同种类

大多数信托属于以下三类之一：人身利益信托、全权信托、累积型信托。

人身信托是指一个或多个人拥有从信托资产获得收入的权益。这种权益可以持续受益人一生，或者持续一段固定时间。全权信托没有指定某些人有权益去获得信托收益，而是由受托人要决定如何对信托的收入与资金进行分配。累积型信托是一种专门为子女设立的任意型信托（根据近期的针对信托计划的遗产税政策变更，积累型信托很难设立。事实上，从税务筹划角度，这种积累型信托不复存在）。

如果企业主关心的是保留公司重大决策的控制权，赠予股份给信托可以是一个很好的解决方案。举个例子来说，在这家公司中，女企业家的股权和她的兄弟是一比一平分，而她选择把自己股票中的一小部分转让给儿子作为礼物的时候，如果在一个影响公司的问题上，她的儿子决定与他的舅舅站在同一阵营进行投票，那么这个问题最终走向将被这个女企业家的兄弟左右，女企业家也失去了对公司决策的控制权。然而，如果赠予的是可自由支配的信托（受托人可以酌情决定向受益人支付收入或资本），捐赠者可以将财富传给家族，同时有效地保留公司的投票控制权。这种方式同时可以确保家族企业的股份不需要被出售来支付税务。

信托的另一个好处是，所有的股权都可以作为一个整体转移到信托下面。比如信托受益人是3个或者4个孩子。他们之间的股权分配要推迟到很久以后才会发生。这可能是非常合适的，特别是孩子们都很年轻，还不清楚他们中哪一个会加入公司。传统意义上，一个累积型信托在这种情形下是最合适的，但是因为最新的税务法规，累积型信托可能很难设立，所以传统的全权信托可以帮助解决上述情形。

对于年龄较大的孩子，或者家庭生活遇到困难的情况（如即将离婚），可自由支配的信托能提供很好的帮助。例如，为了防止那些传承了股票的年轻家族成员放弃股权（尤其是他们没有在家族企业内部工作），或者家族成员将股票留给了非家族成员，老一辈人可以将他们的股票委托给信托。这些措施可以授权托管人保留公司的股份，并防止受益人解散信托。信托基金也可以起草一个决定，以防止受益人分散他们的资产份额；或允许受托人撤销受益人的利益；或确实将所有关于收入或资本支出的决定完全交给受托人。

将股份注入家族信托的一个典型案例是萨姆沃斯兄弟，一家私有的、已经延续到第三代的英国领先食品零售商。该集团拥有6000名员工，营业额超过4.5亿英镑。第三代领导人大卫·萨姆沃思有4个孩子，其中1个儿子在家族企业工作和3个女儿没有在家族企业工作。在20世纪90年代初期，他开始探索未来的家族股份所有权如何与家族管理结构保持一致。1994年的时候，家族决定最好的股权分配方式是将全部家族股权注入信托计划，受益人为大卫直系的后代，无论出生还是没有出生。大卫与一群非家族成员的财务、商业、法律专家担任信托计划的受托人。

萨姆沃斯兄弟是两级董事会架构（详见第6章），受托人与控制董事层负责影响公司决策的重大事务。在这层架构之下是执行董事层，负责公司的运营事务，这里面包括非家族CEO、非家族高管、大卫的儿子马克，以及大卫的女儿们。在执行董事层下面，是各子公司的董事会。未来几代的时间内，家族信托收益人将不断增加，大卫期待未来将引入更多适合的架构，促进家族成员与信托计划、公司业务之间保持良好的沟通渠道。

最后，在第5章中提出的关于受托人的观点值得在这里重复。当家族企业咨询顾问被指定为家族企业信托的受托人时，可能产生利益冲突。举例来说，如果有三四个年幼的孩子被授予少数股权，这部分少数股权注入了信托计划，那么部分受益人的利益可能与公司日常运营董事的利益有很大的不同。在这种情况下，冲突可能会出现，因为咨询顾问发现自己的行为只能够代表某一代家族成员，或者是公司董事会。

慈善信托

慈善信托基金有时可以用来缓解遗产转移时候的债务负担。股权能够赠予家族设立的慈善基金，这样委托人与受托人的一致性可以保证家族对企业的控制权不旁落。因为慈善信托旨在公司股权必须为慈善目所持有，通过使用慈善信托，股权的价值被转移到家族以外，但公司的控制权（或者说重大事项投票权）可以保留在家族内部。如果股权捐赠人不再希望在其有生之年进一步对外赠予资产，而家族也希望确保采取措施，使股权不会在企业所有者去世之际被迫出售，则可以使用这种慈善信托工具。这些股票将在捐赠者生前或死后捐赠给慈善信托基金。

然而，当将未上市的私人股票注入慈善信托基金时候，值得注意的是家族成员之间的利益分歧可能会由此产生。如果在现阶段，公司表现欠佳，或者是公司持续处于低谷，那么受托人会觉得自己有责任为公司股权寻找买家。这里我们需要重复强调的是，这是一个很复杂的领域，家族如果计划使用慈善信托计划的方式作为继承方案，需要寻求专业人士的意见。

人寿保险的优点

人寿保险的好处，如前所述，人寿保险可以用于为不参与家族企业内部工作的传承人提供现金支持，允许所有者将股权转让给积极的传承人，因为人寿保险能提供一笔现金，能用来支付税收和其他遗产转移时候的债务。人寿保险也可能有助于解决本书其他地方讨论的一系列家族企业问题，包括为家族股票购买（买入卖出）协议提供资金；保证尚存配偶的财务安全；通过跨期保单为残存股东提供资金；从死者的遗产中购买企业股份等。

关于遗产规划的结论

在这里，提供对家族企业遗产规划理念的广泛概述，或者普世原理是不太实际的，我主要是想引导家族企业的所有者们思考哪些是主要因素，以及对实施遗产规划的主要工具和技术的介绍。这一切都取决于个人、家族和企业的特殊情况，以及复杂且往往迅速变化的税务相关制度。

然而，这章试图强调的重要信息是，创造灵活的、合理避税的遗产规划结构的机会还是存在的。如果一个遗产计划经过深思熟虑，在适当的时候得到了适当的实施，那么家族企业所有者离世时，就不会发生不得不出售企业资产以履行纳税义务这种事。

FAMILY BUSINESSES
THE ESSENTIALS

第 10 章

财富管理：
家族办公室和慈善事业

一旦家族企业确立了处理家族与企业之间复杂关系的家族治理模式与机制，会转而寻求其他方式提升家族使命感与视野，并且寻求家族价值观延续的方式。家族办公室和家族慈善事业有助于完成这项目标。

家族办公室

家族办公室是一种投资与流动性管理的行政中枢。因为它使家族成员能够作为一个群体进行投资，家族办公室提高了家族整体的购买力，并降低了其投资组合管理成本。

尽管有一些著名的美国模式（例如成立于1923年的皮特凯恩家族办公室，管理着创建匹兹堡平板玻璃公司的皮特凯恩家族管理财富），家族办公室的概念在欧洲和英国范围内是一个相对来说比较新颖的概念。在美国，估计有3000个办事处（严格按照专业机构管理家族投资组合来定义），而在英国只有20—25个办公室，这个数字还在不断上升。

职责

　　家族办公室发展背后的基本原理是，协调管理家族日常事务所需的各领域，可以为所有利益相关者带来更加高效的资产管理和咨询服务。过去，家族一般依靠单一金融机构来满足他们的所有投资需求，但金融服务业（特别是投资管理部门）的复杂性、特殊化和分散化使得独立的家族办公室突围，现在有机会一揽子提供海量的金融服务与产品。家族办公室运营核心增值服务是提供金融服务的独立性——在资产配置和分配方面提供无偏见、无产品推销动机的建议。此外，通过全面了解家族的情况，确定适当的总体分配和投资管理战略，来实现规避风险和实现回报目标也是其核心服务。

　　家族办公室是独立于家族生意的业务，但可以有一些家族企业员工参与。家族办公室需要有一个正式的组织结构设在管理委员会之下，管理委员会可以由家族成员和外部顾问组成，并且应该向家族汇报家族财富的管理表现、流动性以及其他信息。专业管理人员分配资产，监控投资表现，管理风险，制订财务计划，监督操作合规性，统筹集团保险、银行业务、会计和税务服务，并管理股权转让和遗产计划等家族内部财富转移。一些家族办公室则更进一步，提供一个"全家福套餐"，涵盖涉及家族财富的每一方面，包括非财务服务，比如帮助企业合并报表、协助项目管理和物业管理，甚至行政接待计划与服务。

　　列举家族办公室提供的服务，并不代表所有家族办公室都提供一套一样的服务。没有两个家族办公室是一样的，因为它们从建立到发展都是为了满足其家族的需求。家族办公室提供的服务因家族而异。

家族办公室结构

家族办公室从结构上可分为以下几种：单一家族办公室（SFO）和多元家族办公室（MFO）。SFO是传统模式，服务于单一家庭，这种模式正逐步消失。不断攀升的成本与维系公司内部高水平人才让越来越少的家族选择设立单一家族办公室。MFO为不止一个家族提供服务，通常诞生于当一个家族决定向其他家族敞开大门之时。这样做的好处是为人才提供更多的职位选择与职业挑战，以及在更大的资产基础上分摊成本和风险；同时也有机会将MFO发展为可持续的业务。有两个将自己转变为大型金融机构的多元家族办公室的例子，包括总部位于纽约的贝西默信托公司和总部位于费城的格莱曼德家族公司，都是由其创始人家族的后裔分别拥有和管理的。

第三种家族办公室模式是精品商业化家族办公室（MCFO）。这种家族办公室模式由专业家族办公室专家设立，挑选他们认为最合适的家族进行纵向管理，而不是泛泛管理很多家族财富却只提供有限服务。精品商业化家族办公室在美国逐渐流行开来，但是在欧洲却鲜有出现。

随着这个行业逐步走向成熟，各大金融机构比如摩根大通、瑞士银行和汇丰银行私人银行等在家族办公室行业竞争颇为激烈，使得行业利润逐渐减少。而这种局面也导致MFO规模越来越大，比如欧洲的瑞士百达和美国的大西洋信托。SFO无法提供的服务将外包给其他的中介服务机构。

英国最大的MFO之一是佛莱明家族办公室，成立于2000年。这家机构的起源是罗伯特·佛莱明（Robert Fleming）个人的投资公司，成立于1873年，该公司由罗伯特·佛莱明控股，于2000年8月被出售给大通曼哈顿银行。佛莱明家族办公室针对的客户除了佛莱明家族外，还有有钱的个人、慈善机构等。另一个比较著名的例子是Sand Aire，一个私有的多元家族办公室。这家机构的首席执行官，亚历山大·斯考特（Alexander Scott）是创立Sand Aire单一家族办公室的家族后裔（创立之初的目的是1990年中期在出售普罗旺斯保险后能够更好地管理家族财务），他认为，家族办公室通过一个开放式架构，为家族提供最纯粹的服务。

家族办公室里面的人员大多拥有专业化背景，致力于提供针对客户需求、具有可延伸性的服务，这些是一般私人客户无法获得的，这些服务都是为家族量身定制。

Sand Aire将它的首要任务定义为帮助家族拓展视野、深耕战略、搭建架构，拱卫家族财务；提供与客户目标一致的专业投资管理服务；将客户的财务需求与生活要求结合在一起。

尽管Sand Aire起源于家族计划出售资产，但是并不是所有的家族出售资产都需要设立家族办公室。当一家企业延续到很多代之后，家族企业股东并不在公司内任职工作，而是重点关注企业架构与企业财务，家族办公室的设立是大有裨益的。家族办公室能提升家族的统一性与和谐性，为家族下一代提供财富管理教育，提升家族人员的法律与财务知识，并且最终提升他们的对外投资能力。

这种教育作用正变得越来越重要。家族办公室传统上是围绕财富管理的投资组成部分运作的，但今天他们正在处理家族财富的更广泛的方面。特别是，人们更加重视人力，智力和社会资本，人们更关心家族财富如何影响传承人的生活。因此，许多家族办公室专注于为下一代制订教育计划，让他们有必要对家族财富进行独立评估。家族办公室的专业知识可以很好地用于教育下一代人，从他们的早期阶段开始，对财富、投资和慈善事业的挑战和责任进行教育，并提供在践行这些责任时获得实践经验的机会。

评估多家族办公室

选择一个MFO的时候，应该仔细审查这些服务，并对家族办公室的特征进行广泛的评估。总部位于芝加哥的美国家族办公室协会（FOX）已经收集了一些评估过程中可以问询的问题列表。问题列表细分为7个标题：（1）企业背景和所有权；（2）综合金融服务组成；（3）客户关系管理沟通；（4）多元家族办公室客户和参考资料的简介；（5）办公室规模和人员的增长幅度；（6）收费定价；（7）样本报告（如组织架构图表和企业表现分析报告）。

好的MFO拥有许多特性，包括稳定且负责人的股东架构，能够与客户和睦相处，开放式架构，力求为所有客户提供最佳解决方案，以及与服务相匹配的费用。它们还拥有卓越和勤奋的员工，最新的技术，以及整合高度保密的企业管理系统。

展望未来，有证据表明，美国开发的多元家族办公模式正在欧洲实施，虽然该领域的增长似乎不太可能是惊人的，特别是由于欧洲人对隐私保护的倾向性，他们更愿意根据家族的实际运作，而不是委托给第三方。更普遍的是，金融服务行业的转型在短期内至少造成了独立公司的困境，造成了混乱。由于更加复杂的家族，解决这些家族的问题也会带来额外的挑战。

家族慈善事业

正如我们所看到的那样（图10-1），家族企业的慈善事业可以成为家族办公室所扮演的角色之一，家族企业社交或者慈善活动成为家族价值观的产物，同时家族成员又在家族生意上反映出其家族价值观。

图 10-1　当最大和最成功的家族企业成立了慈善基金会，其结果往往演变成全球扩张的慈善机构

但这是一个很难概括的话题。有许多庞大的家族企业未曾给慈善组织捐助过一分钱，但有些小型家族企业可能会每年捐出10%的利润。但是，随着企业社会责任感逐渐成为时代主流，越来越多的证据表明，慈善事业为一个脱颖而出的独特的机会。当英国的布伦特伍德地产公司赢得一项家族企业社会责任奖时，董事长迈克尔·奥格主持了家族企业案例分享会。

> 企业社会责任已经成为每个公司都必须具备的东西，好比是清单上面一定需要打钩的一项。很多公司只是简简单单写一张支票，但是一切并非发自内心。作为一个家族企业，这就是我们与众不同的原因。很多公司之所以这样做是因为他们必须这么做，而我们这么做是因为我们真的相信承担社会责任是对这个社会有帮助的。

由第一代和第二代经营的，来自英国曼彻斯特的布伦特伍德地产是英格兰北部最大的私人商业地产投资开发和管理公司之一。迈克尔·奥格于1977年创立了这家公司。目睹了曼彻斯特20世纪70年代的房地产泡沫，奥格尔斯比家族和布伦特伍德公司决定为该地区的复原和发展做贡献。该公司和家族通过广泛的慈善活动计划，包括对该地区艺术的支持，创造了一个城市复兴的赞助者形象。

关于家族企业慈善捐赠一直存在争议。慈善捐赠主体应该是一种什么样的角色，是出于个人原因的还是出于企业的责任。属于个人责任这一观点在过去比较占上风，尽管家族通常都支持慈善事业，但是他们通常更偏爱（特别是在欧洲）匿名和低调进行捐赠。但是现在认为家族企业慈善捐赠是属于社会责任的观点受到越来越多人支持，并且与企业社会责任和道德责任以及企业公民等更广泛主题相互交叉。许多人认为，慈善事业可以作为企业的宣传活动来进行。而且，把钱捐给慈善事业，不应该因此为公司带来一些利益而感到羞耻。例如：我们希望支持我们的社区，我们可以通过赞助社区活动来实现这一目标，使得社区受益，同时我们应该有权收到良好的大众宣传作为回报。

好的开始是成功的一半，明确家族的目标与动力是这一切重要的起点。慈善援助基金会的负责人格雷厄姆·戴维斯对家族企业的慈善事业做了一番概述：

> 跨国公司利用践行企业社会责任来提升品牌形象，这种方式同样适用于家族企业，满足家族股东的社会责任担当，同时又能够反向激励。组织慈善活动让家族企业通过一种更有意义的方式来庆祝他们的成功，同时，这种方式还能帮助他们减轻税负，帮助造福社会，回馈善意，增强家族纽带与链接，并能够实现家族财富的传承。总而言之，这是一个绝佳的途径。

其中的一个关键因素是慈善事业在帮助加强家族纽带方面所起的作用。强大的家族往往具有团结一致的力量，包括诚信、诚实、忠诚和高尚的道德价值观，家族企业及其所有者往往慷慨地支持公益事业。但是，随着家族企业的成熟，不可能所有家族成员都将参与企业的管理与运营，慈善议程可以成为促进家族凝聚力的一种有益的方式，让家族成员一起参与慈善工作，共同成就家族历史。

有组织地进行"给予"

家族企业的慈善活动通常通过家族基金会或慈善信托机构，它将资金引导到符合家族慈善目标和社会价值的组织和事业上。媒介物的选择取决于目标。例如，前文提到布伦特伍德地产公司通过两种不同的机制管理他们的捐赠：家族慈善信托和企业基金。选择两种不同的方式背后是为了与企业目标保持一致，奥格慈善基金背后的理由则更加宏观，慈善事业包含了艺术与教育。公司的慈善活动由布伦特伍德基金会管理。布伦特伍德基金会与大曼彻斯特社区基金会合伙管理。

虽然奥格家族将其个人和公司捐赠分开，但许多家族在其业务和基金会之间存在身份和目的交织关系，这种关系主要集中，甚至只集中于与业务活动和利益相一致的原因。因此，我们看到安全设备制造商将他们的慈善捐助用于研究办公场所的安全上，或教育出版商赞助了写作计划。因此，企业的品牌形象和价值观支撑了基金会的工作，反之亦然，基金会工作也助力提升企业形象。

当然，当一些规模庞大和颇负盛名的成功家族企业成立基金会时，其结果是航空母舰一般的慈善机构诞生，如福特和洛克菲勒基金会，这些基金会能够在全球范围内运作，发挥重要影响力。一个典型的欧洲家族基金例子是成立于1977年的贝塔斯曼基金会，该基金会由媒体大亨、贝塔斯曼集团的创始人莫恩的第五代传人莱因哈德·莫恩与家族一同建立。从某种维度而言，它是世界上最大的慈善基金会。该基金会完全是一个私人运营的基金会，它执行自己的项目工作，不提供资助或者支持第三方项目。但即使有这些著名的机构，我们不应该忘记这样一个事实，即世界各地都有家族企业，成千上万的小型私人家族信托基金和基金会支持着无数社区的公益事业。

最后，值得一提的是，建立和经营一个成功的家族基金会和建立一个成功的家族企业一样有难度。在每个案例中，家族要解决的第一个问题是：我们的目标是实现什么？对家族基金会而言，这意味着要确保慈善捐赠的目的是使其符合一项经过仔细定义和深思熟虑的使命和战略。与家族企业一样，未来一代人有时会发现很难认同创始人的愿景，并且如果那些最初的捐赠者的意图变得过时，而基金会的目标未能激发继任者的热情和承诺的话，问题就会出现。与第三代和第四代家族企业一样，家族基金届时会掌握在许多（堂）表兄弟手中，保持统一的家族方式进行决策与运行成为一项重大挑战，一些家族成员可能会感觉到对基金会的兴趣更多是为了自己的利益，而不是整个家族的利益。在这个阶段，家族基金会所需要的是能够与家族企业相媲美的领导能力，以解决家族成员之间的分歧，制定一个共同议程，并让家人重新参与战略慈善事业的愿景，这有助于巩固家族关系并延续家族遗产。

FAMILY BUSINESSES
THE ESSENTIALS

第 11 章

总 结

在前言中，我们曾对这本书做过解释，虽然编写这本书的目的是为那些身处家族企业管理的人，或者是那些即将参与其中的人提供指导，但这本书并不是一本指南书。每个家族企业都是特殊的，是由其独特的个性、关注点、目标和关系，以及一系列其他个人和社会特征决定的。这意味着，如果没有任何调整和适应，书中的关于企业成功和延续规则几乎没有可用之处。相反，本书每章的终极目标是提供一些广泛的框架、思维方式、流程和最佳原则，来帮助家族企业人士解决实际问题，促进这些公司努力实现持续性增长和稳定性繁荣。这里总结了每一章的中心主题，列出了主要结论、建议和学习要点。

第1章　为什么家族企业是特殊的

第1章提出了贯穿本书始末关于家族企业的两个最基础的概念：家族企业公司与非家族企业公司的区别，以及拥有企业的家族与不拥有企业家族的区别。如果家族企业想要实现全部潜力，那么它的所有者和管理者就必须明白这两个问题，以及他们所面临的挑战。

本章还讨论了企业经济的重要性，并通过研究来测试，其优势和劣势是否对商业绩效产生可衡量的影响。虽然家族企业在每一种商业活动中都能找到，但其特殊优势意味着它们在可以充分利用其优势的领域中发挥出最佳效果。

关键结论：

◆ 家族企业是世界上最主要的企业形式，然而，近年来，很少有关于他们所面临的独特和复杂问题的信息或指导。

◆ 除了对影响所有企业的商业挑战做出正确的决定之外，家族企业还需特殊的技能来帮助他们围绕企业及其家族分析复杂动态。

◆ 在一系列优势中，家族企业倾向于营造一种独特的氛围，从而产生一种归属感，实现共同目标。

◆ 这些企业也面临一些严重的困境和挑战。家族情绪会干扰商业决策，接班人往往会带来重大挑战，家族企业家必须努力应对这种危险的不稳定的氛围。

◆ 没有万能灵丹妙药，因为每个家族企业都是独一无二的。只有一些常见的经验模式，对他们的理解是很有帮助的，这样就能避免重复其他人的错误。

第2章 家族企业动态：人，体系以及日益增长的复杂性

家族企业的特殊地位源于他们的结构。它的复杂性分3个层面：家庭系统、业务系统和所有权系统，所有这些通过财富、法律安排，雇佣关系和情感/关系纽带联系在一起。要理解家族企业的动态，必须意识到这些系统的相互作用以及随着时间的推移复杂性增加的方式。

让家族企业特别的另一个核心特征是，强调利益相关者的参与，以及每个主要参与者的背景和观点。这些人之间可能产生的两个主要问题是父子冲突和兄弟姐妹之间的竞争。

关键结论：

◆ 无论业务规模大小如何，家族成员——创始人，丈夫和妻子，下一代，姻亲，等等——每一个人都有自己的态度、观点和目标。对这些观点的理解是了解家族企业运作的关键方面。

◆ 能够帮助家族企业实现商业卓越绩效的共同关系，也会对企业的组织形式以及运作方式产生潜在的负面影响。尤其是，影响家庭生活的情绪因素与企业管理的客观性之间，存在着内在的紧张关系。

◆ 家族与商业系统重叠引起的冲突不能完全避免。成功的家族制定策略，帮助他们控制重叠。了解家族企业的所有权结构，往往是理解家族企业内部力量的基础。

◆ 父子冲突和兄弟姐妹竞争背后的一些心理因素需要在问题解决之前得到理解。儿子们在企业的某些部门获得管理自主

权,可以确保他们成长和成熟的空间,而不会使他们的父亲蒙受耻辱。

◆ 为了尽量减少竞争,兄弟姐妹应该在家族企业中划分自己的角色,以便专注于自己的工作,而不是关注其兄弟姐妹的工作。

第3章 家族关系与企业:建立战略远景和团队合作

制定战略愿景和建立团队合作成功的家庭,学会通过统一个人和家庭的价值观和目标来建立共同的愿景,并由此产生的愿景和价值观,成为规划、决策和行动的指南。

关于目的的问题:我们的业务是做什么的?在这个问题上达成共识,有助于家族改善成功机会,从而为他们与企业的关系建立基本规则,并确定家族成员的责任。其目的是制定并实施政策,在企业的最佳利益和家族的福利之间取得良好的平衡,然后设计并建立完善的治理结构,以帮助家庭形成对企业的凝聚力,并提供组织的关注和责任。

关键结论:

◆ 价值观是家庭和企业支柱,愿景是对每个目标的共同感知,共同的愿景和价值观为家族企业提供了强大的力量和韧性,是家族企业长期成功的核心。

◆ 时代变革,家族扩张,市场和商业周期继续推进,因此,远见和价值被周期性地重新审视和更新是非常重要的。

◆ 一个家庭通过规划未来,可以显著提高成功的机会,从而建立起与业务关系的高度关联性,并确定成员的责任。规划过程有助于帮助家庭以一种坚定的、统一的方式对待他们的企业，而不是作为一群恰好相关的人。

◆ 成功计划的要素包括建立开放的沟通，学会管理差异，采用有助于建立家庭合作的策略。

◆ 家族需要制定涵盖家庭业务关系及关键领域的政策，例如家庭成员参与商业活动，共享所有权和管理传承权。

◆ 建立有组织的程序和可以进行对话的正式框架，对于寻求为其业务制定统一标准的家庭来说是至关重要的一步。例如，家庭委员会为家庭沟通、政策制定、计划和差异管理提供一个有组织的论坛。

◆ 将其计划结论记录在一份书面家族规章中对家族来说是一个好主意，它阐明了家族与企业的相关政策。

第4章 家族的下一代：人力资源管理和领导力问题

当今时代的人力资源管理和领导力观点正成长为一种商业文化，这种文化与早期家族成员承担责任的文化大相径庭，越来越多受过良好教育的、国际化的和独立自主的下一代家庭成员，在权衡加入这个行业的利弊时，采取一种更加慎重和谨慎的态度。

家庭、企业和所有权制度之间的重叠和冲突在人力资源管理实践中尤其尖锐和麻烦，因此必须制定明确的管理标准，以解决这些问题。家庭雇员应该根据他们对企业的贡献给予奖励和提升，并且应该在适用于所有员工的系统内定期、客观地对家族雇员进行评价。

关键结论：

◆ 最好保持所有权与管理因素之间的区别来平衡家族传承问题的矛盾。

◆ 在加入家族企业之前，下一代应与前辈讨论前景以及其他职业可能性。加入的决定应该取决于承诺，而不是其他人的期望，或者因为这是一个简单的选择。

◆ 获得外部工作经验可以帮助年轻一代对他们自己的才能和天赋形成一种客观的看法，如果他们加入的话，也会提高他们的效率。

◆ 有一天企业主对儿子说"所有这些都将是你的"，并不能代替一份清晰而全面的协议。

◆ 一旦下一代成员开始在家族中工作，他们应该建立一个计划培训项目，表明自己愿意努力工作，并提供一个额外的承诺，通过他们的行为和奉献来赢得员工的尊重并拒绝特权。

第5章 寻求协助：如何利用外部资源

当一个公司变得更大、更复杂时，充分利用外部资源，为更结构化、去集权化的组织打下基础。相比于非家族企业，家族企业的任务要困难得多，因为许多家族企业很容易依赖内部经验和内部判断。这种内向倾向可以通过有效利用外部人才来解决：非家族成员经理人，非执行董事，家族企业咨询顾问。

关键结论：

◆ 决定任命来自这三家集团的外部人士，可能是一种不同寻常的做法，标志着一种文化和认知上的转变。但是，这通常是使公司更开放地面对外部压力，并有助于确保其未来的重要一步。

♦ 家族企业必须努力吸引高质量的非家族员工，并在精心设计的激励计划下奖励他们的贡献。

♦ 非家族成员经理人的动机是家族企业发展中的一个关键问题。必须有明确的证据表明，这种非家庭成员的雇员在职业道路、责任和专业知识方面与家庭成员之间具有可比性。

♦ 非执行董事对于家族企业尤其有价值，提供经验丰富的指导、专业知识和网络连接。他们还可以在董事会与家族股东的关系中发挥重要作用，起到凝聚共识的作用。

♦ 熟练的家族企业咨询顾问能够以微妙而敏感的方式探究难题和讨论家庭问题领域，最大限度地减少摩擦和冲突的可能性。他们的选择应该基于他们的能力和定期审查的表现，并考虑和避免可能的利益冲突。

第6章 专业的董事会：建立一个平衡的董事会

董事会在家族控股公司治理结构中的作用是至关重要的。如果要实现长期成功，建立一个包括独立外部人员的董事会对绝大多数家族企业来说可能是至关重要的。这样一个委员会为政策和业务审议带来客观性和经验，并且规定重要的纪律。当一个家族引入董事会多元化时，它会向客户、股东和员工发出积极和激励的信息。在规模较大，更成熟的家族企业中，作为企业所有者的家族利益与被委托管理企业的管理者之间要取得平衡。没有一种模式适用于所有人，相反，必须制定一套坚实的原则和流程，并在每个公司的独特环境中加以应用。

关键结论：

◆ 引入外部董事,从而走向一个更负责任的公司治理体系,并不总是轻易任命家族企业创始人或所有者董事总经理,他们有时被视为对家族文化的威胁。

◆ 董事会只有在董事总经理/首席执行官或控股股东有信心接受一定程度的权力降低和对业务的控制时才有效,并愿意将他们的管理权交给外部人员审查。

◆ 建立一个平衡良好的董事会时,家族企业界人士往往会对他们吸引到的人才感到惊喜。第一个问题不是"我可以问谁?",而是"我在找什么?",然后开始搜索并找到合适的人。

◆ 董事会的主要职责是保护股东的利益;在影响公司的重大问题上,协助做出重大决策;监督管理业绩(包括董事总经理和高级管理人员),并监督和调解家庭对企业的参与。

第7章 (堂)表亲公司:多代家族企业的家族治理

家族企业的所有制结构通常会对其内部的工作力量产生重大影响,家族企业的所有权往往通过三阶段的序列进行:业主管理;兄弟姐妹伙伴关系和表兄弟联盟。在(堂)表兄弟联盟的舞台上,第三代或第四代已经到位,有一个成熟的企业,可能有几十个家族成员在其中持有股份。

在这个阶段,所有权将分散到家族不同分支的许多(堂)表亲手中。没有一个分支拥有控股权。其中一些业主将从事这项业务,但可能绝大多数不会。如果这些家族和股东群体所产生的大规模复杂性得不到控制和管理,则产生摩擦和不正常行为的可能性是巨大的。治理架构必须适应特定家庭的独特需求和环境。

关键结论：

◆ （堂）表兄弟联盟中，在前两个所有权阶段为企业工作的强大家族联系可能会显著减弱。与在同一家庭中长大的兄弟姐妹不同，（堂）表亲通常没有共鸣，有些人可能从未见过面。

◆ 随着家族企业的发展，他们拥有的公司变得越来越复杂，家族成员的所有权发生迁移，越来越多的业务需远程操作。经营企业的所有者的需求、期望和抱负可能会与那些没有受雇于企业的人有很大不同。

◆ 需要解决的关键问题是家族的愿景和核心价值——有关目的的问题。"为什么我们的生意会更好，因为我们的家族拥有它才使得它变得更好吗？""作为一个家族我们为什么要留在一起做生意，我们希望得到什么回报？"

◆ 需要特殊的治理体系和机制来管理利益和需求，具有多样性，并让每个人都有发言权。应该允许不赞成共识愿景的家族成员以股东身份退出。

◆ 无论一个家族治理体系的构建多么巧妙有效，如果没有家族的承诺和参与，它将毫无意义。这一制度必须得到各部门和各代人的家族成员的支持，并准备继续发扬光大，以促进和维持家族的参与。

◆ 还需要在诸如谁可以拥有股份（血统、姻亲、家族等）、股票估值和转让、投资预期收益以及保护少数家族股东的权益等问题上制定政策。

◆ 没有任何一个家族和公司的治理模式适用于所有家族企业，多代成功企业取得的成功是制定在其家族和公司的独特环境下工作的商定原则和程序。

♦ 长远来看，家族企业曾经的主要领导人和司机已经退休，其治理的领导力和有效性明显丧失。似乎家族企业的领导地位在长期维系家族企业的过程中，可能比之前所理解的更加重要。

第8章　传承的管理：来自领导力的挑战

要想克服那些无所作为的想法，就需要制定结构良好、系统的继任计划。本章解释了为什么为传承做准备和规划及制定有效地完成过渡的实际指导方针是如此困难。从第一到第二代的传承，主要是由企业创始人的性格决定的。所有的问题都因为创始人既是父母又是雇主的双重角色而变得更加复杂，而且在放弃控股权、与年龄和死亡等的问题上，可能存在矛盾。后期的转型更有可能受公司的规模和性质以及市场条件的制约。

关键结论：

♦ 对家族企业而言，继任的无所作为往往是灾难性的。然而，许多不愿意放弃控制权、退而不休的企业主认为，回避这个问题是他们最佳的途径。

♦ 传承并不是一个事件，这是一个过程。尽早开始计划，充分利用家族企业的关键优势，今天就有机会解决未来可预见的问题。

♦ 传承与下一代应该涉及一个精心策划的伙伴关系。父母必须承担责任，特别是要确保他们的孩子接受健全的、广泛的教育，并使他们得到良好的培养，自尊心得到提高。

♦ 老一代成员必须达到平衡，让继任者分享他们的梦想，并确保他们不是迫于压力而别无选择,只能成为其中的一员。

- 如果他们想加入业务,首先鼓励他们在另一个组织获得更长的工作经验。然后提供相关的、有价值的培训计划。
- 将日常运营控制的目标日期设定得足够远,以便继任者和其他人可以计划和准备。一旦确定了日期,就坚持下去。
- 继任不仅仅是一个将经过尝试和测试的公司运营系统转移给下一代的问题。相反,这是一个制度变革,向具有不同文化、不同流程和不同基本规则、不同类型的业务结构的转变。

第9章 建立财务安全,放弃控制权

建立金融安全和放弃控制金融安全,对家族企业所有者的退休至关重要,但许多人忽视了他们的个人财务状况。他们经常认为,企业(通常以未指明的方式)本身就代表了他们个人的储蓄。这很可能是真实的,但它涉及许多假设,并不总是理所当然的。可以在家族企业内部或外部实现财务保障。如果没有可行的传承选择,可出售企业。本章将讨论各种销售结构。

在将家族企业传承给下一代的过程中,业务的连续性、流动性和家庭需求是遗产规划的基石。确保所有权最终落入下一代最合适的人手中,可能需要根据传承人是否在企业中活跃来区别对待。对选定传承人进行投票控制的方式进行审查,信托的使用也是如此。保险和股票购买(买卖)协议可以用来解决企业多代所有权所带来的复杂问题。

关键结论:

- 企业所有者在退休时可以通过不断从银行取钱或者把这笔

钱留在资产负债表中，这样在退休后可以安排重组，将个人财富转移给离职的所有者。这两种策略都有利有弊。如果销售业务是最好的解决方案，那么一定要聘请专业人士来谈判和组织销售，并为一种意想不到的情绪障碍做好准备。

◆ 新老板的雇员中，大多数认为这些文化是不相容的，最终控制权的丧失是不可接受的。

◆ 制定限制性意愿促进有利的治理结构或股权转让限制，老年人更多关注的是，通过道德意愿将他们的愿景和价值观成功地传递给下一代。

◆ 业主通常没有足够的资产来让他们离开公司活动，但是，可以使用结构来帮助实现短期公平性和符合企业长期利益的解决方案。

◆ 家族企业的所有者可以大幅减少或延迟企业经营承担的税收负债，但这需要仔细规划。

第10章　财富管理：家族办公室和慈善事业

今天，富裕家庭越来越认为自己是多元化企业，管理一系列共同的商业、法律、金融、房地产和慈善事业。除了核心家族企业之外，这个更广泛定义的家族企业可以包含非核心业务和创业企业，家族的房地产/财产权益，家族办公室（或投资办公室），慈善活动基金会和一系列社会，社区和宗教活动的基础设施。这些多重的活动和经济利益，需要根据各分支机构和几代人的原则和价值观加以妥善管理、领导和组织。家族办公室和共同的慈善机构为家庭提供了提出集体目标和愿景的机会。

关键结论：

◆ 家族办公室应该有一个正式的业务结构，并且有一个管理委员会（可以由家庭成员和外部顾问组成）。它应该向家族报告投资业绩、流动性和其他经营信息。

◆ 在明确了解家族财务状况和风险回报目标的情况下，制定适当的资产配置和投资管理战略。

◆ 家族办公室作为不具有股东业务的治理结构的一部分特别有用，因为它侧重于结构和财务责任，可以帮助改善家庭的和谐与团结。

◆ 家族办公室的专业知识可以很好地用在教育下一代上，让他们从小就有责任挑战财富、投资、慈善事业。

◆ 许多家族企业认为慈善事业是他们脱颖而出的独特机会。

◆ 慈善议程可以成为一件培养家族凝聚力的有益事情，是代表一个家族一起工作的机会，是他们共同的成就史。

致谢

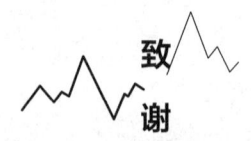

多年来，作为一名家族企业顾问，我的日常工作让我接触到了许多奇特的商业家族。这是我的荣幸：能向这些家族提供咨询的机会并从他们身上学习。在此感谢他们愿意我分享他们的经验、问题和成功，尤其是那些允许我在这本书中提及名字的家族。此外，我有幸与来自其他文化、让我备受启发的人一起工作，并特别感谢来自班加罗尔的普雷斯·库玛和来自金奈的塔特瓦马西·迪希与我分享他们在印度工作之所见所闻。

特别感谢我的前同事朱丽叶·约翰逊。这些年来，我们一起完成了许多复杂的家族企业咨询任务，其中一些任务在本书中提到。

最后，但并非不重要的一点，我感谢我妻子安东尼娅的贡献。她对这本书的建议、热情和耐心，对我而言是无价之宝。

彼得·里奇
2011年5月

图书在版编目（CIP）数据

稳定性繁荣：家族企业如何实现基业长青／（英）彼得·里奇著；马旭飞，张东婧译. — 北京：中国友谊出版公司，2023.10
ISBN 978-7-5057-5650-2

Ⅰ.①稳… Ⅱ.①彼… ②马… ③张… Ⅲ.①家族—私营企业—企业管理—研究 Ⅳ.①F276.5

中国国家版本馆CIP数据核字（2023）第113986号

著作权合同登记号　图字：01-2023-4366

Family Businesses: The Essentials
By Peter Leach
Copyright © Peter Leach 2011
The moral right of the author has been asserted.
Published by arrangement with Profile Books Ltd. & Andrew Nurnberg Associates International Ltd.
Simplified Chinese translation copyright ©2023
by Hangzhou Blue Lion Cultural & Creative Co.,Ltd.
All RIGHTS RESERVED.

书名	稳定性繁荣：家族企业如何实现基业长青
作者	［英］彼得·里奇
译者	马旭飞　张东婧
出版	中国友谊出版公司
策划	杭州蓝狮子文化创意股份有限公司
发行	杭州飞阅图书有限公司
经销	新华书店
制版	杭州真凯文化艺术有限公司
印刷	杭州钱江彩色印务有限公司
规格	880毫米×1230毫米　32开 9.75印张　220千字
版次	2023年10月第1版
印次	2023年10月第1次印刷
书号	ISBN 978-7-5057-5650-2
定价	68.00元
地址	北京市朝阳区西坝河南里17号楼
邮编	100028
电话	（010）64678009